まんがで人生が変わる!

自助論

Self-Help

サミュエル・スマイルズ
竹内 均 訳
嶋津 蓮 まんが

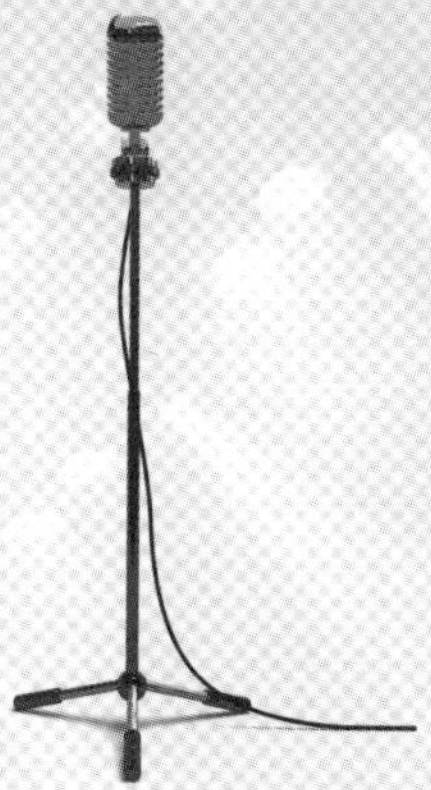

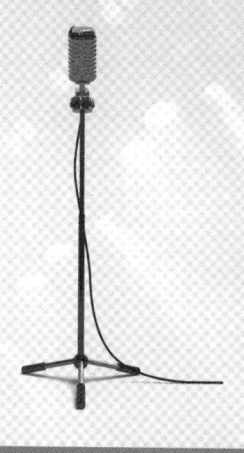

目次

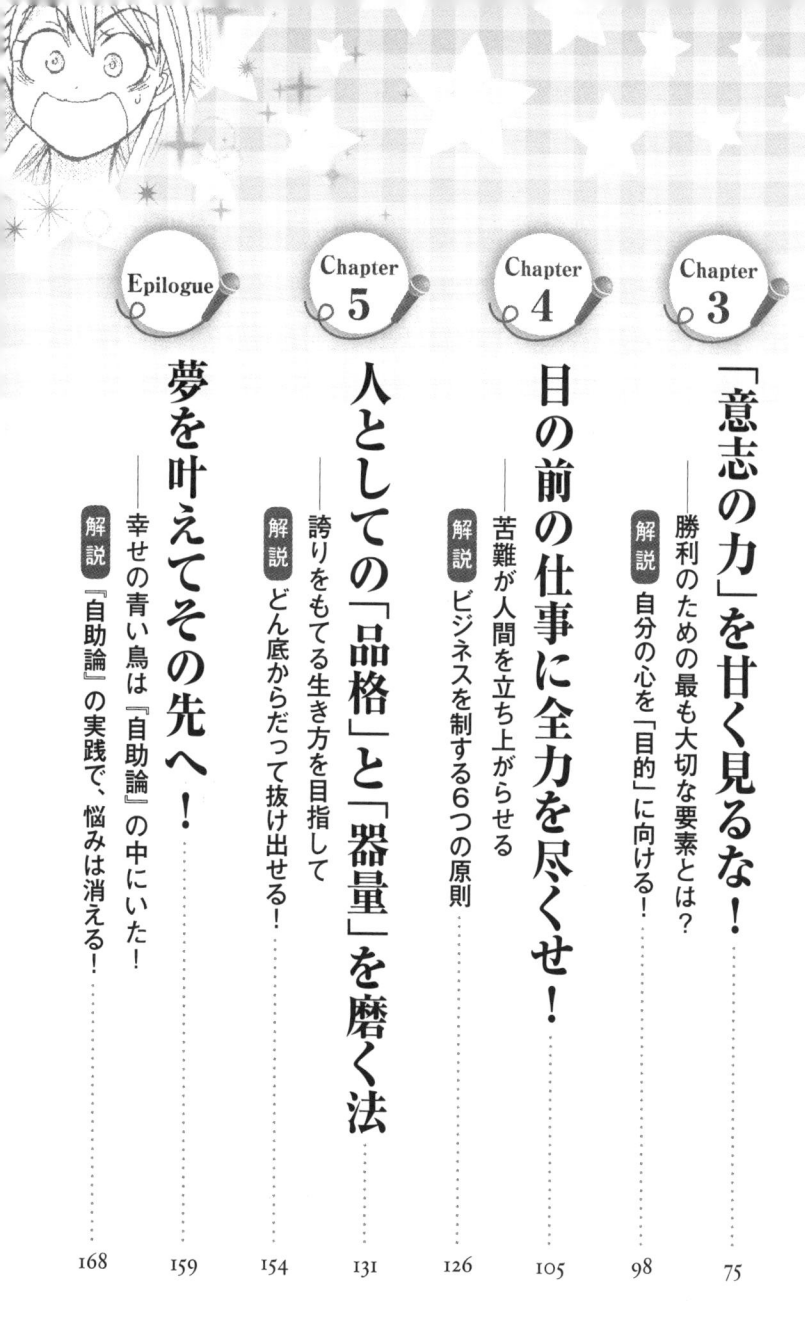

登場人物紹介

星野 実花（ほしの　みか）

17歳の貧乏女子高生。アルバイトで学費を稼《かせ》ぐ日々。華《はな》やかなアイドルの世界に憧《あこが》れるが、引っ込み思案《じあん》な自分には無理とあきらめていた。誰にも負けないがんばり屋なのが取《と》り柄《え》。

実花の家族

実花の父

実花の母

実花の弟　樹《たつき》

望月 小春（もちづき　こはる）

ＩＴ企業ＺＺＺ《スリーズィー》の若き女性社長。『自助論』の教えを人生の指針《ししん》にしている。ふとしたことから知り合った実花に『自助論』の文庫本をプレゼントする。

高城 爽太（たかぎ　そうた）

実花の通《かよ》う高校の生徒会長であり、女子生徒たちの憧れの的《まと》。『自助論』に書かれていることを日々実践《じっせん》して自分を高めている。実花の背中を押し、アドバイスをしてくれる。

アイドルグループ MIKASA《ミカサ》

ユキナ

アイリ

メイ

ミユ

ヒナ

まえがき

この1冊であなたの人生が輝く!!

読むだけでやる気がわいてきて、あなたの人生が実り多いものに変わる。
そんな良書との出会いをあなたが望んでいるのなら、ピッタリの1冊があります。
それは、古今東西、数々の成功者を生み出してきた世界的名著。
サミュエル・スマイルズの『自助論』です。

★『自助論』の効果は歴史が証明ずみ！

1859年にイギリスで出版された『自助論』は、これまで150年以上にわたって、「成功したい」「幸せをつかみたい」と望む世界中の人たちの人生を変えつづけてきました。

本国イギリスからヨーロッパ各国へとブームが広がり、なんと明治時代の日本でも翻訳《ほんやく》されて大ヒットしたのです。明治維新《いしん》から文明開化にいたる新しい時代を生きる若者たちに、知恵とエネルギーを与え、日本の発展の原動力になったともいわれています。

『自助論』という本が、読む人に激動の時代を乗り越えるすさまじいパワーを与えてくれることは、歴史的に実証されているのです。

★眠れないほど面白いストーリーが、知恵とインスピレーションを与えてくれる！

『自助論』は刊行以来、世界の何百万人もの人に読まれてきました。

いくらタメになる本でも、面白くもないものがそんなに読まれるはずがありません。

『自助論』は実際、とんでもなく面白い本なのです。

ニュートンやシェイクスピアなど、誰もが知っている偉人たちの、知られざる真の姿を伝えるエピソードが、次々と出てきます。

「えっ！　あの天才が……⁉」と夢中になって読み進めるうちに、偉人たちの成功の秘訣《ひけつ》が、いつの間にかあなたの頭と心に刻みつけられ、自分のものとなるでしょう。

★『自助論』は、おいしくて栄養たっぷりの「読むドリンク剤」だ⁉

『自助論』の「自助」とは、「自分の人生は自分の手で開く」「自分の人生を輝かせることができるのは自分自身しかいない」という意味です。

がんばるパワーを自分の中から引き出すという意味でいうと、『自助論』は「栄養ドリンク」のようなものだといえます。

知恵や勇気がみなぎってくる栄養ドリンクです。

しかも『自助論』は、どれだけ読んでも副作用のない、くり返し読めば読むほど頭と心にパワーが満ちる栄養ドリンクなのです！

★まんがで『自助論』をあなたのものに！

この本ではそんな『自助論』を、さらに読みやすいまんが仕立てにしてあります。

アイドルを夢見る現代の女の子が、『自助論』から知恵とインスピレーションをもらって夢のために奮闘《ふんとう》し、まわりの人たちの人生まで明るく変えていくという、オリジナルストーリーです。

『自助論』のエッセンスを、よりわかりやすく学べるほか、「『自助論』を自分の人生にどう役立てればいいか」という具体例まで、この本1冊でわかってしまうのです！

何か悩みが出てきたときには、何度でも本書を開いて、あなたの人生の宝地図としてください。

あなたの人生も主人公の実花と一緒に、最高の輝きを放つはずです！

Prologue

夢があるなら『自助論』を学ぼう！

——偉人たちの成功の秘訣が満載!!

ガーッ
アハハハハ…
いらっしゃいませ…
あれっ
実花《みか》じゃん
あんた
ここでバイト
していたの？
う
うん…

実花はえらいなぁ よく学校と両立できるね
バイトなんて 無理 無理
あたしたちは遊ぶのに忙《いそが》しいからね
これから×××《スリーペケ》のライブ行くんだ
実花も行く？
ごめん 夜までバイトだから…
だよねー
煙草《たばこ》…
でも注意して嫌われたらいやだな…

星野実花様
はい 今月もご苦労さま
高校生で 月に 10万円以上 稼《かせ》ぐなんて 実花ちゃんだけだよ
ありがとうございます
こんなに稼いで何か買うの？
服？ バッグ？
いっ いいえ！ お母さんに渡します
給料を家に入れてるの？ お父さん病気でも？
えっ… は はい
そりゃ大変だ！ 実花ちゃんはえらいなぁ
……

帰ったら
洗濯しなくっちゃ…
そのあとは勉強
9:00
今日も寝るのは
午前2時すぎ
だなぁ…
カラオケ行こーー
あはははは
私は
えらくなんかない
嘘《うそ》つきで
みじめなだけ…

お父さんは病気
なんかじゃない
ただ働かない
だけ…
お母さんが
夜遅くまで働いて
私が代わりに
家事をして…
同じ年ごろの子たちは
あんなにキラキラして
楽しそうなのに
何で私はこんなに
どん底の生活
なんだろう…
ピロリロ
おねえちゃん
早く帰ってきて
算数教えてよ
わかったよ
小学生の弟の面倒《めんどう》も
見なくちゃいけない
今日は寝るのが
午前3時か…
忘れ物…？

!?
ど
どうしよう
こんなにたくさんのお金…
これだけお金があれば生活が楽になる…！
誰も見ていないし…
これは神さまからのプレゼント…!?
ピロリ～ン

ありがとう
おねえちゃんは
ぼくのアイドルだよ
樹《たつき》…
アイドルが泥棒なんてしちゃいけないよね…
——そういえば中学校の国語の先生がこんなことをいっていたっけ…
「正直は最良の策《さく》」という外国の古い言葉があってね… 先生はこの言葉が好きなんだ
『自助論』という本に載《の》っている言葉でね この本を読むとすごく勇気が出るんだよ

自助論

【正直は最良の策】

何事においてもそうだが、ビジネスの場合も誠実さと正直な心が成功につながる。

人と交際するときは、多少なりとも相手に得をさせるほうがよい。

相手へ便宜《べんぎ》をはかり、何でも十分に与え、決して物惜《ものお》しみをするな。

そのほうが結局は自分の得となるのだから。

やっぱり交番に届けよう…
KOBAN
…はい
そうですか
ガチャッ
そのバッグの持ち主が現われたそうだよ
君にお礼をしたいそうだ
もう少し待ってもらって大丈夫かい？
はは
はい…
はい
どうぞ
ありがとうございます…
！
ゴクッ

【成功の秘訣《ひけつ》】

イギリスのある有名なビール業者は、「自分の成功は、モルトを惜しまず使ったからだ」と述べている。

彼は樽《たる》のところへ行って試し飲みをするたびに必ず、「まだ水っぽいな。もっとモルトを混ぜろ！」と職人に命じたという。

彼の気前のよさが伝わったのかそのビールはコクが増し、イギリスはもとより海外でも大評判となった。

そして彼は莫大《ばくだい》な財を築《きず》いたのである。

あーっ！
よかった これよ これ！
あなたが 届けてくれたの？ ありがとう 助かったわ!!
ど どういたしまして
あなたには どうしても お礼が したくてね！
えっ
お礼なんて いりませんって いいたいところだけど …今は助かるな
じ〜〜ん…
正直に届けてよかった

自助論

【ビジネスでの本当の成功】

ビジネスほど、
人柄《ひとがら》のよし悪《あ》しが厳《きび》しく
問われる分野はない。

正直かどうか、
自己犠牲《ぎせい》の精神に
あふれているかどうか、
公正かつ誠実に
行動できるかどうか…

このような試練《しれん》にパスした
ビジネスマンは、
戦火の危機をくぐりぬけて
自らの勇気を証明した
兵士と同様、
高い尊敬に値《あたい》する。

不正な手段を使わず、
良心を貫《つらぬ》いて得た成功は、
本物の成功である。

はい！
これお礼に差し上げるわ
スマイルズの世界的名著
自助論
人生は自分の手でしか開けない！
S.スマイルズ著
竹内均訳
自助…論…
本ですか？？？
そうよ これはただの本じゃないの あなたの夢を叶《かな》える本なの
夢…ですか？
そう！ あなたの夢は何？
夢…
夢なんて…
おねえちゃんは
ぼくのアイドルだよ
アイドル…

えっ？アイドル？
いえ その…
私今どん底で…アイドルはその正反対だからいいなあって…
そう思っただけです…
アイドルなんて夢もいいところですよね
…素晴らしいわ
素晴らしい！あなたはきっとアイドルになれる！
わ 私がですか？

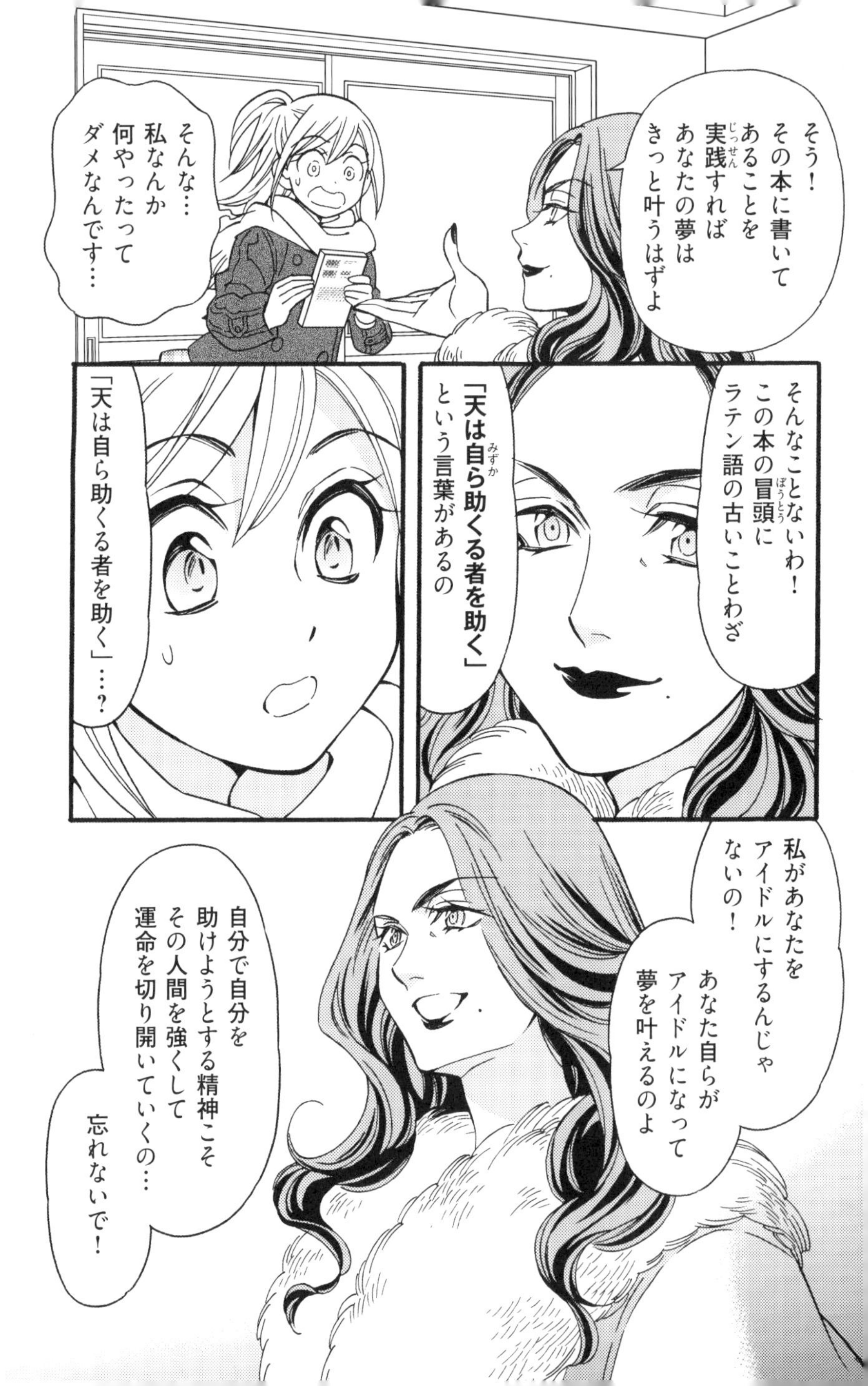
そう！その本に書いてあることを実践《じっせん》すればあなたの夢はきっと叶うはずよ
そんな…私なんか何やったってダメなんです…
そんなことないわ！この本の冒頭《ぼうとう》にラテン語の古いことわざ
「天は自《みずか》ら助くる者を助く」という言葉があるの
「天は自ら助くる者を助く」…？
私があなたをアイドルにするんじゃないの！
あなた自らがアイドルになって夢を叶えるのよ
自分で自分を助けようとする精神こそその人間を強くして運命を切り開いていくの…
忘れないで！

天は自ら助くる者を助く
…か
スマイルズの世界的名著
自助論
S.スマイルズ著
竹内均訳
少し がんばって みようかな…
自助論
【人生は自分の手でしか開けない】
自助の精神は、人間が真の成長をとげるための礎《いしずえ》である。
外部からの援助《えんじょ》は人間を弱くする。
自分で自分を助けようとする精神こそ、その人間をいつまでも励《はげ》まし元気づける。

『自助論』ってどういう本？
——成功と幸せを手にする法則がつまった宝箱

「さああなたも、**サミュエル・スマイルズの『自助論』**の考えに従って、**努力、努力、努力**して、人生を輝かせましょう！」

「でも……。努力なんかしたって、ダメなものはダメなんじゃないですか？　たとえば、私がどんなに努力しても、100mを9秒で走ってオリンピックに出るなんて無理だし……」

「そういう方向に考えちゃダメ。今のあなたは、努力するってことを誤解しているの。たとえばこうしている間でも、あなたは息をしているわけだし、心臓だって鼓動《こどう》しているでしょう？　私たちの体は、いつも一生懸命《いっしょうけんめい》に活動しているの。そうでなければ生きていけないのよ。人生もそれと同じ。そして**絶《た》えず努力していれば、自分の望むものが手に入るようになっているの**よ。**そのことに気づく人だけが、『成功』という甘くおいしい果実にありつけるの**。どうかしら？　あなたも食べてみたいでしょう、甘くてお・い・し・い果実を♥」

「はい、食べてみたいです……。一生懸命努力してみます！」

サミュエル・スマイルズ
1812 〜 1904年

イギリスの著述家《ちょじゅつか》。

天は自ら助くる者を助く

この言葉からはじまる『自助論』は、いたるところに深い人生の知恵があふれており、生き方の根本を鋭く説《と》く「不朽《ふきゅう》の名著」として、世界的なベストセラー＆ロングセラーとなっている。

▲スマイルズが生きた時代は、イギリスの絶頂期であるヴィクトリア朝（1837 〜 1901年）と重なっている。

❖バックパッカーから成功者に！『自助論』の著者スマイルズ

『自助論』の著者は、英国スコットランド生まれの**サミュエル・スマイルズ**（1812〜1904年）です。現在はあまり有名な人とはいえないでしょう。しかし、じつはこの人自身が、**『自助論』の理念を実行して成功を勝ち取った、知られざる偉人**です。

スマイルズは若いころは、町医者のもとで徒《と》弟《てい》として働いていました。やがて自分も開業医となりますが、商売的にはあまりふるわなかったようです。

26歳のときに医者を辞《や》めて、気分転換に外国旅行に出ました。徒歩《とほ》でヨーロッパ各地を旅する、**今でいうバックパッカーの旅**です。ロンドンを訪れたとき、世界で初めて蒸気機関車を実用化した**ジョージ・スティーブンソン**（1781～1848年）と出会います。その縁があってか、のちにスマイルズは鉄道の仕事に従事しました。そして一方では執筆活動も開始し、おもに偉人の伝記を書きます。

当時のイギリスは、政府は経済にできるだけ介入せず、各個人の努力に任せる**自由放任主義**の政策のもと、たいへんな繁栄《はんえい》を迎《むか》えていました。スマイルズも、スティーブンソンをはじめとする偉人たちが、**自らの努力で成功を手にした事実**を人々に紹介し、自由放任主義の正しさを広めようと考えます。労働者向けの講演会も行うようになり、偉人のエピソードは、聴衆から大きな支持を受けました。そのときの講話をもとに、1859年に出版されたのが『自助論』です。

成功者たちの秘話をこれでもかというほど集めて紹介した『自助論』は、たちまちベストセラーとなりました。ヨーロッパ各国の言語に翻訳され、スマイルズは大きな富を手にします。

なかなか人生がうまくいかず職を転々としたスマイルズが、『自助論』の大ヒットにめぐり合ったのは40代後半でした。彼自身、最初から順風満帆《じゅんぷうまんぱん》だったわけではなく、**数々の困難を乗り越えて、成功を勝ち取った**のです。

❖『自助論』の精神を忘れたらニッポンはどうなる!?

『自助論』が日本に紹介されたのは1871年（明治4年）です。幕末にイギリスに留学した

中村正直
1832〜1891年

日本の啓蒙《けいもう》思想家。

号（別名）は敬宇《けいう》。


江戸時代の後期に生まれた中村ははじめ武士であり、儒学者だった。

1866年、幕府の留学生監督としてイギリスに渡る。

イギリス滞在中の1867年に大政《たいせい》奉還《ほうかん》があり、中村はほかの留学生たちとともに帰国。

その後『自助論』を翻訳した。

▲中村正直の翻訳した『西国立志編』は、明治という新しい時代を迎えた人々に、熱狂的に受け入れられた。

思想家の**中村正直《なかむらまさなお》**（1832〜1891年）の翻訳で、**『西国立志編《さいこくりっしへん》』**というタイトルで出版されました。

『西国立志編』は、**「天は自ら助くる者を助く」**という言葉ではじまります。ここで使われている「天」は、原書ではキリスト教の「天国」や「神」を意味しますが、当時の日本ではキリスト教は禁じられていました。そこで中村は、**「天国」とは表記せず、「天」**（儒教で運命や自然を指す言葉）**と翻訳**したのです。

そんな中村の柔軟な発想のおかげもあり、この本は当時の民衆から抵抗なく受け入れられました。『西国立志編』は当時100万部売れたといわれ、福沢諭吉《ふくざわゆきち》の『学問のすすめ』と並んで、**明治時代に最も広く読まれた本**です。大きな夢をもつ明治の人々の心の支えとなり、文豪《ぶんごう》たちにも影響を与えた、まさに時代のバイブルなのです。

しかし、**日露《にちろ》戦争《せんそう》**（1904〜1905年）のあと、若者たちの心が『西国立志編』の思想から離れはじめたと**夏目《なつめ》漱石《そうせき》**（1867〜1916年）が指《し》摘《てき》しています。ブームが去り、次《し》第《だい》に忘れられていったのです。社会から『自助論』の精神が失われたせいなのか、その後の日本では軍部《ぐんぶ》が台頭《たいとう》し、国を挙《あ》げての戦争へと突入してしまいます。

❖自分の夢を叶えられるのは自分だけだ!!

さて、**「天は自ら助くる者を助く」**という言葉には、人間の数多くの経験から導《みちび》き出された真理がつまっていると、スマイルズは断言しています。

『自助論』の説く**「自助」**とは、**「自分で自分を助けよう」**という考え方です。これはまた、**「自分の成功や幸福には、自分自身で責任をもたなくてはならない」**ということでもあります。

「国や企業などの第三者が成功や幸福に導いてくれる」と期待するのは間違っている、それで幸せが手に入ることはないというのです。

「自分が不幸なのは、政治や社会が悪いからだ」と不平をこぼす人もいます。しかし、どんなに立派な法律を作っても、それで怠《なま》け者が働き者に変わるでしょうか？　法律や制度のような外枠が、人間の夢を叶えてくれるのではありません。**自分の夢は、自分自身の手で叶えるしかない**のです。

Chapter 1

発想の転換で逆境をチャンスに！

――運に左右されず、確実に成功できる秘訣とは？

ただいま…
いちいちうるさいんだよ!!
酒ぐらい好きなように飲ませろよ!!
毎日お酒ばっかりじゃない!いい加減《かげん》仕事見つけてよ!
今月の生活費どうするのよ!
ガシャーン!
またか…

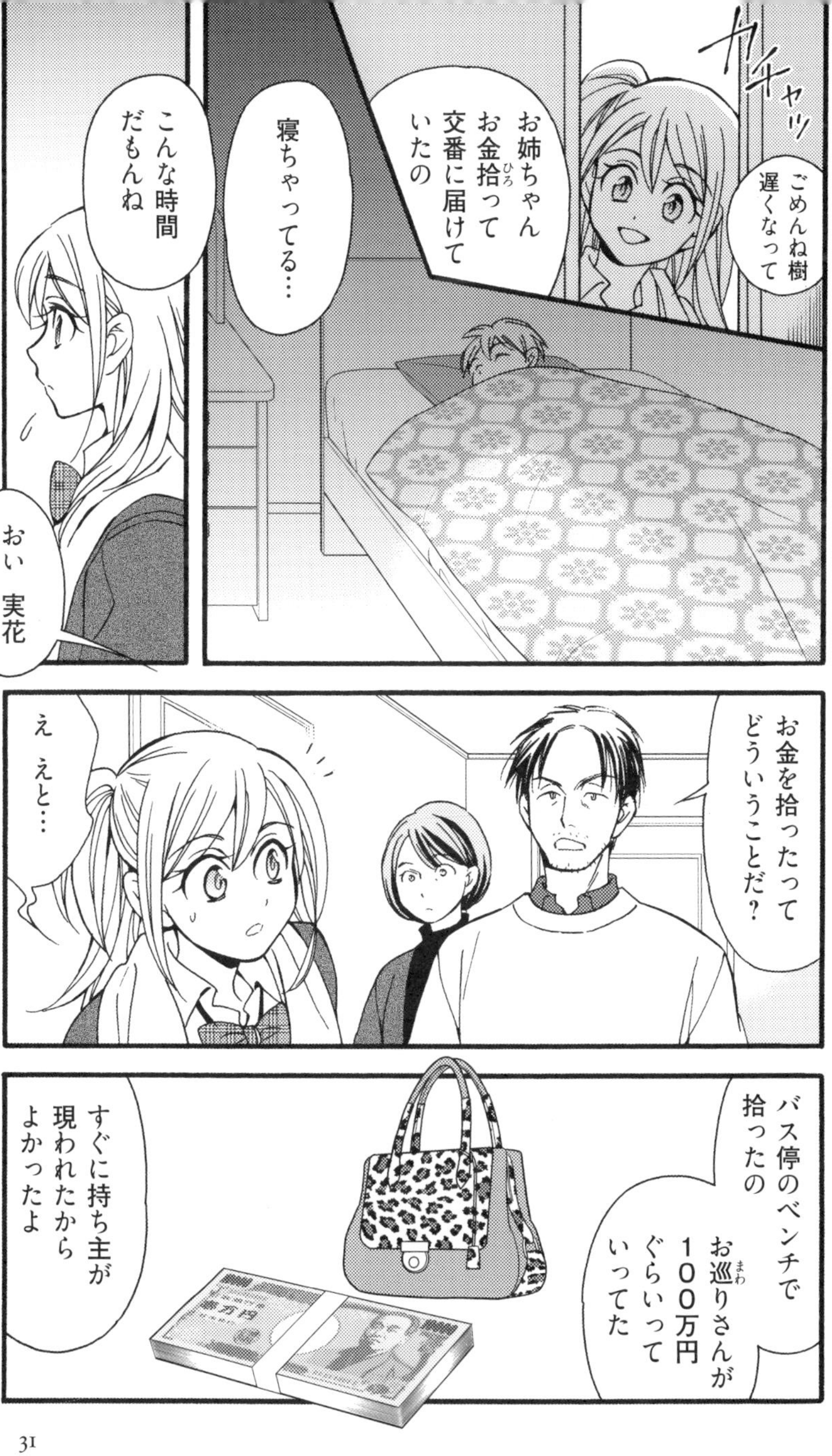
ガチャッ
ごめんね樹
遅くなって
お姉ちゃん
お金拾《ひろ》って
交番に届けて
いたの
寝ちゃってる…
こんな時間
だもんね
おい 実花
お金を拾ったって
どういうことだ?
え えと…
バス停のベンチで
拾ったの
お巡《まわ》りさんが
１００万円
ぐらいいって
いってた
すぐに持ち主が
現われたから
よかったよ

100万円!?
お礼はいくらもらった!?
お礼は… これ…
スマイルズの世界的名著
自助論
本1冊!? これだけか???
普通は2割もらえるから20万円のはずだ!!
お前ちゃんと20万円くださいっていったのか!?
う ううん…
バカか! 20万円損したじゃないか!!
なんてお人よしなのもったいない!

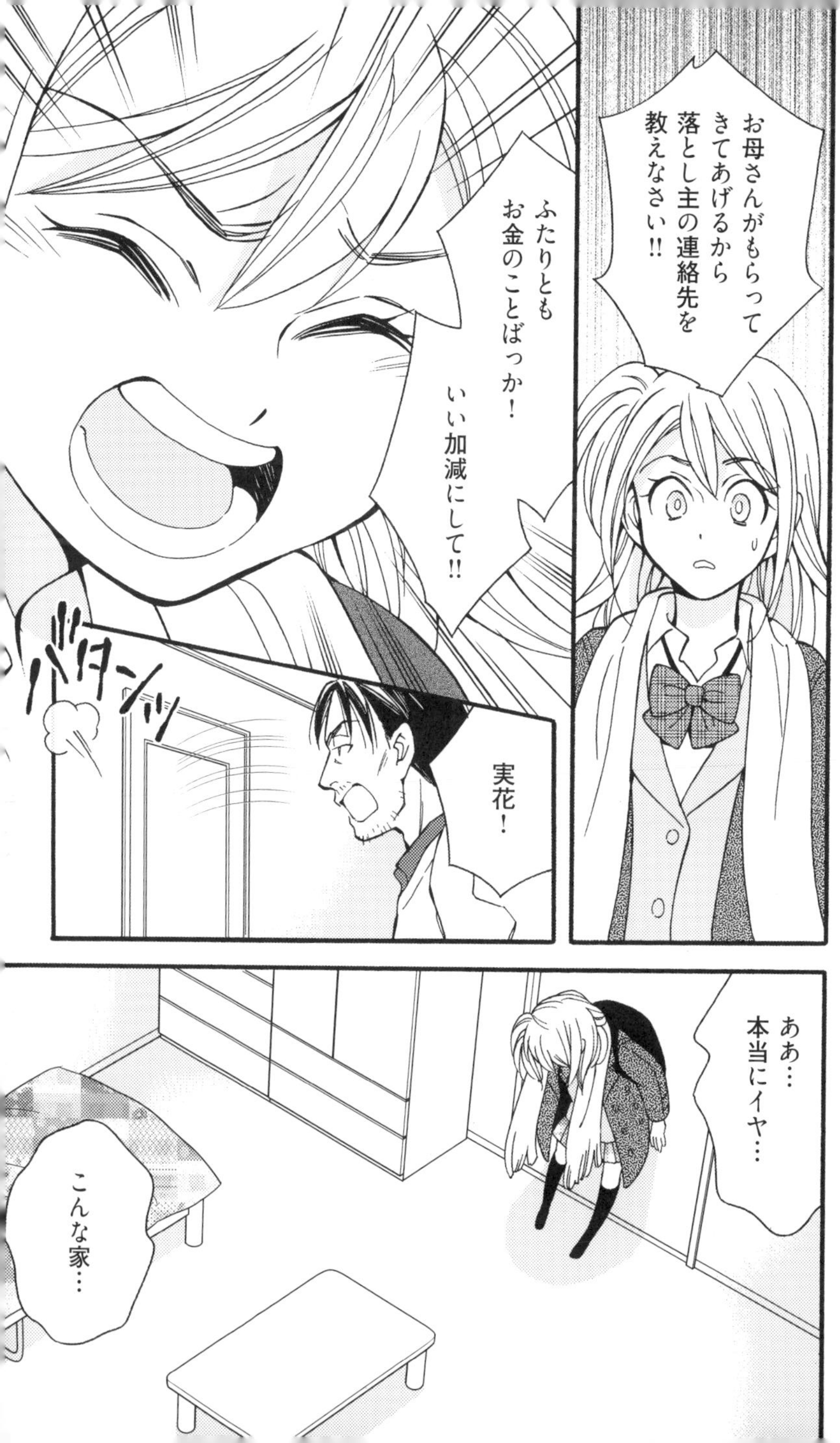
お母さんがもらってきてあげるから落とし主の連絡先を教えなさい!!
ふたりともお金のことばっか!
いい加減にして!!
バターンッ
実花!
ああ…本当にイヤ…
こんな家…

勉強しなきゃ…
次の英文を読んで問いに答えなさい…
この問題文って『ロミオとジュリエット』？
シェイクスピアか…
チッ
チッ
チッ
シェイクスピアみたいに才能がある人はいいな
お金持ちの家に生まれた人はいいな
スー
どうして私は貧乏なの…

【富と成長の関係】

「人は、自らの富も
自らの能力も、
正しく理解していない。

富については必要以上に
素晴らしいものだと信じる反面、
自分の能力はさほど
偉大なものだと思っていない。

自らの力のみを
信頼できる人間だけが、
自分の水桶《みずおけ》から水を飲み、
自分のパンを食べる
方法を学ぶ。

つまり、生計を立てる道を得て、
自分が善だと思うことを
他人にも実践していける
ようになる」

（イギリスの哲学者
フランシス・ベーコンの言葉）

さて、科学の発展に
大きく貢献《こうけん》した
科学者たちにも
貧苦《ひんく》の境遇《きょうぐう》から
身を起こした例は多い。

地動説《ちどうせつ》を説いた
コペルニクスは、
貧しいパン屋の息子だった。

フランスの偉大な物理学者
ダランベールは、
冬の夜にパリの
聖ジャン・ル・ロン教会の
石段で発見された孤児《こじ》だった。

万有引力の法則を発見した
ニュートンは、小さな
農家の息子だった。

彼らはみな幼少のころの
逆境《ぎゃっきょう》にもめげずに、
生まれながらの天分《てんぶん》を発揮《はっき》して
永遠の名声をつかんだ。

「名声」は
世界中の富をすべて
集めても手に入らない。

逆に、富は人間の成長の
障害《しょうがい》となることのほうが多い。

キーン
コーン
図書室
まだ眠い…
ふあ…
放課後はまたバイトで
私の自由時間は
昼休みぐらい…
…なんか
奴隷《どれい》みたいな
生活だなぁ…
どうしたらこの
どん底から
抜《ぬ》け出せるんだろう…
自助論
ごめん
勝手に見て
この本
君が読んでるの？
は
はい
僕も読んでるんだ
まさか
『自助論』を読んでる子が
この学校にいたとはね
あ あの
生徒会長の
高城《たかぎ》先輩ですよね？
女子の間で憧れの的の
高城先輩だ!!

――僕は将来
政治家を目指して
いるんだ
政治家ですか!?
僕は
この言葉が
好きでね…
「政治とは、国民の考えや
行動の反映にすぎない。
どんなに高い理想を掲《かか》げても、
国民が無知と腐敗《ふはい》から
抜け出せなければ、
劣悪《れつあく》な政治が幅《はば》をきかす。
逆に、国民が優秀であれば、
いくらひどい政治でも
いつしか国民のレベルにまで
引き上げられる。
つまり、国家の価値や力は
国の制度ではなく、
国民の質によって
決定されるのである」

高城先輩
す…
すごいです！
ふふふ
『自助論』の
一節だよ

自助論

【社会悪の根源】

われわれ一人ひとりが
勤勉《きんべん》に働き、
活力と正直な心を
失わないかぎり、
社会は進歩する。

反対に、
怠惰《たいだ》とエゴイズム、悪徳《あくとく》が
国民の間にはびこれば
社会は荒廃《こうはい》する。

われわれが「社会悪」と
呼んでいるものの大部分は、
じつはわれわれ自身の
堕落《だらく》した生活から
生じている。

つまりね…
どんなに素晴らしい制度があってもわれわれ一人ひとりがすぐれた生活態度を身につけないかぎり世の中はよくならないってことさ
お話中すみません
あちらの方に 席を譲《ゆず》っていただいてもよろしいですか？
ど どうぞ
高城先輩尊敬しちゃう…
じ〜ん…

星野さんはどうして『自助論』を読みはじめたの？
私は…
じつは人からもらって…
私はお金の入ったバッグを拾ったお礼としてこの本をもらったことを話した
そのとき　夢は何かと聞かれて「アイドルになりたい」と適当に答えたことも…
へえーっ夢はアイドルになることなの？
いいいえ…！
なれればお金だってたくさん稼げるだろうし…
何より今の私とは正反対でキラキラしていていいなって思っただけで…
そんな甘いものじゃないことはわかってる

「アイドルになりたい」なんて軽々しすぎた…
私の家は貧乏で普通の生活を送るのさえ無理なんです
大学に行く学費もないし毎日バイトが忙しくて自由な時間もないんです…
…君はそれでいいの？
いえ こんなどん底から抜け出したい… でも きっと無理なんです
このまま一生貧乏なんです…

それは思い違いかもしれないよ？人が変われるかどうかは環境が決めるんじゃない
――自分自身で決めるんだ
人間は内側から変わっていくんだよ
どんなに厳格《げんかく》な法律を定めても怠《なま》け者が働き者になったり浪費《ろうひ》家《か》が倹約家《けんやくか》になったりするわけじゃない
僕たち一人ひとりが自分を変えていかなければ自分の人生は開けない
家庭環境が悪いから自分の未来がないいんじゃなく
自分自身が未来に向かって変わろうとしないからいつまでも同じなんじゃないのかな…？

……
えらそうなこといってごめん
僕がいったことは全部『自助論』からの受け売りなんだよ
しゅん…
自助論
【個性を生かす】
「人は専制《せんせい》支配《しはい》下《か》に置かれようとも、個性が生きつづけるかぎり、最悪の事態に陥《おちい》ることはない」
（イギリスの哲学者J・S・ミルの言葉）
先輩
私…!!
ぎゅっ…
どん底から抜け出したいんです！
どうしたらいいでしょうか…！

それじゃあ…
本当にアイドルになっちゃうってのはどう？
アイドル⁉
そうだよ
努力すれば
きっと実現できる
努力…
そう
努力すれば　ね
先輩は本当に
そう思うんですか？
そうだよ
私は特別 美人でもないし
才能もありません
努力すれば
できるっていったって
努力すれば
誰もがオリンピック選手に
なれるわけじゃないし…

そうだね生まれついての非凡《ひぼん》な才能がなければシェイクスピアやベートーヴェンにもなれないだろうね
…でも天才といわれる彼らはねばり強い努力家でもあるんだ
逆にいえば努力しなければ才能があっても無駄《むだ》になるってことだよ
君はなぜアイドルになれないと思うの？
歌もダンスもやったことがないし…
なら歌とダンスの練習をすればいい
それに私は口下手《くちべた》であがり症だし…
じゃあ…
君がアイドルになるためのプレゼントを贈るよ
！

えっ
プレゼント⁉

自助論

【天才とは忍耐なり】

世に偉人と称《しょう》される人間は、
天賦《てんぷ》の才などほとんど
信じてはいない。

どんなに高尚《こうしょう》な学問を
追究する際にも、
集中力、勤勉、忍耐のような
平凡な資質が一番役に立つ。

フランスの博物学者
ビュフォンにいたっては
「天才とは忍耐なり」
とまでいいきった。

つまり、どんなことがあっても
忍耐強く努力をつづけられる者が、
立派な功績《こうせき》をのこして
天才と呼ばれるのである。

数日後
高城先輩から
宅配便が届いた！

プレゼントって
何かな♪
かわいい衣装《いしょう》
だったりして♥
ワク
ワク
ガサ
ガサ
ガサ
ガサ
♪

これが…
プレゼント…？？？
「プレゼントが
空《から》のペットボトルで
がっかりしたかな？
カサ…
〝雨霜《あめしも》に打たれてこそ
若芽は強く伸びる〟
という言葉が
『自助論』にある
政治家として名高い
ロバート・ピールは
幼少のころから
スピーチの練習をしつづけて
巧《たく》みな話術を
身につけた
自分が口下手だと
思うなら
それを克服《こくふく》するために
練習するべきだよ
この空のペットボトルを
マイクに見立てて
スピーチの練習を
してごらん」…か
高城先輩…わかりました
ありがとうございます

…みなさん こんばんは 実花です
私の趣味は 読書です
最近読んで とても感銘《かんめい》を受けたのは 『自助論』という本です
高城先輩
気分 いいかも…!?
「雨霜に 打たれてこそ 若芽は強く伸びる」
この言葉を 私は信じます…!
ちょっと
うるせえなあ 実花
なに やってんだ

「あきらめない」精神が成功の条件！

——運も才能も、関係ないのだ!!

「努力することが大事なのはわかったかな? あとは、行動するのみ。**自分の目標に向かってどんどん努力しよう**」

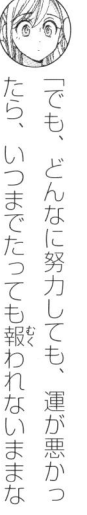

「でも、どんなに努力しても、運が悪かったら、いつまでたっても報《むく》われないままなんじゃないですか?」

「たとえば、1回だけサイコロを振《ふ》って、6を出してごらん?」

「えっ、よっぽど運がよくないと無理です」

「じゃあ、何回も振って6を出してごらん」

「あっ、5回目で6が出た」

「1回では無理かもしれないけど、何回も何回もあきらめずにサイコロを振っていれば、必ず6が出る。サイコロを何回も振ることが、**努力をつづける**ということ。**単なる運まかせから、確率の世界にもっていくんだ!**」

「わかりました。5回や10回の失敗にめげずに、精いっぱい努力します!」

そうだね
生まれついての
非凡な才能がなければ
シェイクスピアや
ベートーヴェンにも
なれないだろうね
…でも
天才といわれる彼らは
ねばり強い努力家
でもあるんだ
逆にいえば
努力しなければ
才能があっても
無駄になるってことだよ

▲歴史上の「天才」たちも、恵まれた環境や才能だけで成功したのではなく、努力によって偉業《いぎょう》をなしとげたのである。

❖楽をしてきた人は じつは大損をしている!?

２０１５年度の新入社員「働くことの意識」調査（日本生産性本部調べ）によると、「人並《な》みに働けば十分」と考える新入社員が、「人並み以上に働きたい」と考える新入社員を上回り、過去最高の53・5％を記録しました。

この質問の回答は、その年の就職活動が「厳《きび》しかった」か「楽だった」かに影響されるといいます。

たとえば、バブル経済末期の楽に就職できた年（１９９０～１９９１年）には、「人並みに働けば十分」と考える人の割合が大きくなっています。逆に、就職が難しかった、いわゆる就職氷河期の年（２０１２年など）では、「人並み以上に働きたい」という人が増えます。

つまり、就職活動で苦労をしなかった人は就職後も楽をしようと考え、就職活動で苦労した人は就職後も精いっぱいがんばろうとする傾向があるのです。

『自助論』に、**「雨霜に打たれてこそ若芽は強く伸びる」**という言葉があります。**困難に直面した若者ほど成長する**という意味ですが、たしかに厳しい就職活動を潜《くぐ》り抜けてきた新入社員ほど、入社したあとの働く意欲が高いようです。

懸命に働く人といい加減に働く人では、仕事のうえでの成長にどのような差が出るか、いうまでもないでしょう。楽をすればそのときは「ラッキー」と思うかもしれませんが、後々苦労するのです。

❖「確実に成功する秘訣」がこの世には存在する!!

私たちは、「才能さえあれば、いともたやすく成功を手にできる」と思いがちです。しかし本当のところは、現実の天才たちは**誰よりも忍耐強く、愚直《ぐちょく》に努力を重ねた末にようやく成功を勝ち取っている**のです。

イギリスの物理学者**アイザック・ニュートン**（１６４２〜１７２７年）は、リンゴが木から落ちるのを見て「万有引力」を発見したといわれます。彼の理論は今もなお惑星探査機の軌道《きどう》計算に使われており、彼は人類史上まれに見る偉大な科学者です。そんなニュートンは、**なぜ天才的な発見ができたのか**と訊《たず》ねられたとき、**「くる日もくる日もその問題**

アイザック・ニュートン
1642 ～ 1727年

イギリスの物理学者。
現代物理学に大きな影響を与えている。

私は 研究中のテーマを
つねに自分の目の前に広げて
じっと見守る…
そうすると
問題の本質が
くっきりと浮かび上がって
くるのだ

▲ニュートンは小さな農家の息子だったが、研究への没頭《ぼっとう》と根気強さで名声を勝ち得た。

を考えつづけていたからだ」と答えました。

ニュートンの偉業《いぎょう》は、単なる幸運の産物ではなく、**根気強く研究をつづけたことの賜物《たまもの》**だったのです。

確実に成功に到達する秘訣――それは**勤勉と努力**、そして**忍耐**にほかなりません。

天才とは、特別な資質《ししつ》をもった人ではないのです。**不屈《ふくつ》の精神で努力をつづければ、誰でも天才になれる可能性がある**のです。

もちろん、特別な資質をもって生まれた人を天才と呼ぶことはあります。しかしじつは、そういう人はごくごく一部しかいません。天才と呼ばれる人たちのほとんどは、表向きの派手なイメージとは裏腹《うらはら》に、**ひたすら努力を積み重ねることによって、その類《たぐい》まれなる能力を身につけてきた**のです。

❖偉大な仕事をなしとげるのに大切なものとは？

努力する人に、幸運の女神は微笑《ほほえ》む——。

とはいうものの、現実には、いくら努力しても幸運の女神が微笑まないこともあります。がんばっても結果がでない。私たちはよくそんな経験をしますが、それは天才と呼ばれた人たちも同じです。

ただ、彼らが普通の人たちと違ったのは、**簡単にはあきらめなかった**ことです。

たとえば、蒸気機関を改良して産業革命に貢献した**ジェームズ・ワット**（1736〜1819年）は30年もの間、研究に没頭《ぼっとう》しました。経済学者の**アダム・スミス**（1723〜1790年）は『国富論』という名著をのこしましたが、それが世間に認められるまでには、70年の歳月を要しました。

努力が報われないときもあきらめず、不屈の精神でさらに努力をつづけること。天才と呼ばれた人たちは、みなそのように生きてきたのだと『自助論』は明かしています。**大きな仕事をなしとげるには、時間と積み重ねが必要**なのです。

たとえどんな逆境にあっても、希望を捨ててはいけません。自分の努力がなかなか認められないときは、**「この苦労に耐《た》えてこそ、大きな夢が叶うんだ」と、発想を転換**しましょう。ほかの人たちがあきらめてしまうところで、先に進むことのできる人だけが、後世に名をのこす偉大な仕事をなしとげられるのです。

Chapter 2

才能を花開かせるための秘訣

――「小さなチャンス」を見逃すな!!

――私は アイドルを目指し 歌やダンスの練習を はじめることにした
でもレッスン代を 払えないので 当分は自分ひとりで やるしかない 心細いけど がんばってみよう…!!
バイト先も変えた 高城先輩の知り合いが 経営している カラオケボックスに…
いらっしゃいませ
店長の厚意《こうい》で バイトが終了したあと 無料でボックスを 使わせてもらえる からだ
これで思いっきり 歌の練習ができる

歌の練習のあとは
公園でダンスの練習
こう？
カク
カク
私の特技は…
そのあとは
スピーチの練習
うるせぇぇ
実花!!
学校の勉強も
忘れない…
「集中力」「勤勉」「忍耐」
平凡な資質が
一番役に立つと
信じて——

隣のボックスのお客さん上手だな…
充実した毎日だけどふと不安になる
私にあるのかな…？才能が
努力の仕方が間違ってないかな…？
こんなことをやっていても無駄じゃないの…？
…と
お疲れさまでした
カラオケ♪
あっ ちょっと待って 実花ちゃん
はい？

高城くんから聞いたよ！実花ちゃんは『自助論』を読んでいるんだって？
すごいねー
は はい
『自助論』は少しは役に立ったかい？
はい 少しどころかかなり！…読むだけで勇気と元気がわいてきます！
いろいろ変わって
きましたし…
僕もあの本には感銘を受けたよ 本当にいい本だよ …うん
あの…？
そうそう ところで実花ちゃん
オーディションを受けてみないかい？
オーディション!?

商店街をPRするためにアイドルグループを作ることになってね
ほら ご当地アイドルってやつだよ
今そのメンバーを募集しているらしくて実花ちゃんどうかなぁと思ったんだよ
ほ 本当ですか? ぜひ受けさせてください…!
それならプロフィールと写真をもってきてくれるかな
写真…ですか? 私 ちゃんとした写真ってなくて…
アイドルならプロフィール写真ぐらい撮影《さつえい》しないとダメだろう
でもプロの方に頼むとお金がかかりますよね…?
今月のお小遣い苦しくって…
ていうか毎月苦しくて…
写真代なら僕が出してあげるよ 娘のアオイが安くて腕のいい写真スタジオを知ってるから連れてってもらうといいよ
ありがとうございます!

オーディションは
第一印象が大事よ！
写真もきれいに撮《と》って
もらわなくっちゃね!!
こういうふうに
写真撮って
もらうの
初めてです
緊張
しちゃう…！
もっと
自然にして
——アオイさんは
声優なんですか？
声優と
いっても
まだ養成所に
通っている
卵ね♪

私のプロフィール写真はこれよ
うわーっすごくかわいく撮れてますね…!!
声優っていうとボイスサンプルが勝負って思うかもしれないけどそれを聞いてもらうには容姿《ようし》
つまりプロフィール写真が重要なの
もちろんかわいいだけでもオーディションには受からないわよ
だって ほかにかわいい子なんてたくさんいるからね
自己PRの欄《らん》に「一生懸命がんばります」とか
「やる気は誰にも負けません」とか書く人がいるけどそれもダメ
がんばるのは当たり前のことだから
そんな細かいことにも気をつかうんですか?
そうよ

自助論
【細かいことが重要】
偶然《ぐうぜん》のなりゆきで、偉大な業績《ぎょうせき》が
生まれるためしは、めったにない。
勤勉と着実な努力こそが、
成功にいたるただひとつの
安全な道なのだ。
ミケランジェロのアトリエに
友人が訪ねてきたとき、
彼は彫像《ちょうぞう》のひとつを指差して、
どの部分に手を入れたかを
こと細かに説明しはじめた。
「……この線は前より柔《やわ》らかくして、
そっちの筋肉も浮き立たせるよう
工夫しました。
唇にもいくぶんか表情を与え、
手足にはさらに
躍動感《やくどうかん》を添《そ》えたのです」
「そんな細かい修正は、私には
さほど重要とは思えませんが?」
と友人が首をかしげると、
ミケランジェロは、こう答えた。
「確かに、どうでもいいかもしれません。
しかし、そのような小さなことが
積み重なって、究極の美は完成します。
つまり、ささいな問題でも
偉大な仕事には
重要な意味をもつのです」
たとえば「インディアンフルートが演奏できます」と書けば審査員が興味をもって質問してくれる可能性は高まるよね
話が盛り上がれば印象にのこりやすいでしょう?
たしかに…
でも私インディアンフルートなんて演奏できないし…
っていうかそれどんな楽器?
ほら興味がわいてくるでしょう?

なるほど…！
私ってホント
無知だなぁ…
気にしなくても
いいのよ！
これから
がんばれば！

自助論

【成長は「無知の知」から】

イギリスの作家ウォルター・スコットは、
時間厳守《じかんげんしゅ》を心がけ、
じつに規則正しい生活を送った。
そうでなければ、
あれほどおびただしい分量の
文学作品を
生み出せはしなかっただろう。

彼のもとには毎日、さまざまな人からの
手紙の分厚《ぶあつ》い束が送り届けられた。
その一通一通に返事を書くのは
うんざりするほどつらい仕事である。

だが彼は、
調査や推敲《すいこう》の
必要がない手紙には
その日のうちに返事を
出すことを日課と
していたため、
一度たりとも先方に
義理を欠いたことは
なかった。

また、スコットは
毎朝5時に起き、
自分で暖炉《だんろ》に火を入れた。
ヒゲを剃《そ》り、
着替えをすませて
6時には机に向かう。
家族が集まって朝食をとる
9時ごろまでには、
彼はその日の
執筆予定のほとんどを
こなすことができた。

このようにして
スコットは、
疲れをものともせず
勉学に励《はげ》み、
広い知識を身につけ、
長い歳月をかけて
すぐれた作品を
世に送り出した。

にもかかわらず、彼は
いつも自分の非力さを
嘆いていた。

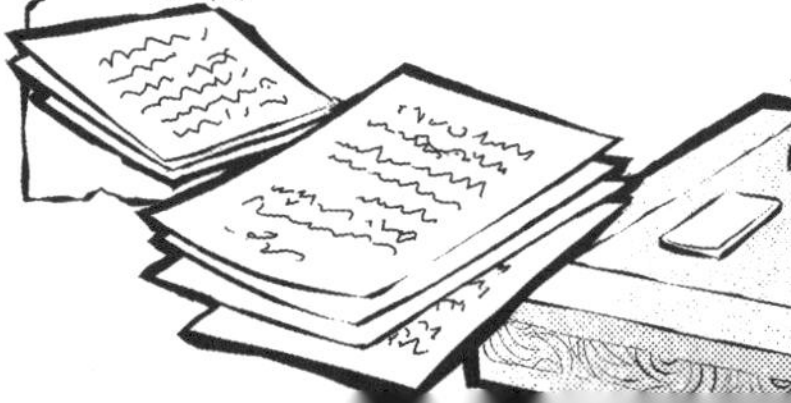

自己PR…私はやっぱり『自助論』かな
S.スマイルズ著
竹内均訳
そしてオーディションの日
実花さんの特技は『自助論』とあるのですがこれはどういう意味ですか？
やった興味をもってもらえた！
ええとそれは…
アピールチャンス！
1859年にサミュエル・スマイルズが出した本で…300人以上の欧米人の成功談《せいこうだん》を集めた本です
その『自助論』のどこが特技なんですか？

『自助論』の言葉を指針《ししん》としてアイドルになるための努力を重ねています
たとえばどんなことをしているのですか？
政治家として名高いロバート・ピールは幼いころからスピーチの練習をして巧《たく》みな話術を習得しました
私も彼のように毎日スピーチの練習をしています
サッ
このように…
このペットボトルをマイクだと思って練習しています！

手応《てごた》え あったよね…
いけるかも…！
ピロリロ ピロリロ♪
き きた…！
はい もしもし！
本日は オーディション ご苦労さまでした
結果ですが…
ゴクッ
残念ながら今回は 採用を見送らせて もらいました
君はなかなか 面白かったんだけど 個性的すぎてね
イメージが 違うというか ほかのメンバーとの バランスを 考えるとねぇ
がっし!!
そうですか…

そんなにがっかりしないでよ
まだ1回しか受けていないんだしオーディションなんていくらでもあるのよ
でも私いつも不安なんです…
本当に才能があるのかなって
歌やダンスの練習をつづけても無駄になるんじゃないかって…
そっ…
スマイルズの世界的名著
自助論

あっ
実花ちゃんが熱心に『自助論』『自助論』っていうから私も読んでみたの
そうしたらまさに今の実花ちゃんに必要な言葉があったわよ
「本当に必要なのは才能ではなく 決意だ！」
決意…
そう「才能があろうがなかろうが 何が何でもアイドルになるんだ」っていう決意よ

自助論

【道なくば道をつくる】

どんな分野であれ、成功に必要なのは秀《ひい》でた才能ではなく「決意」だ。

「あくまで精いっぱい努力しようとする意志の力」だ。

意志の力さえあれば、人は自分の決めたとおりの目標をはたし、自分がこうありたいと思ったとおりの人間になることができる。

幸運は手の届くところで待っている！
オーディションなんてほとんど運なんだから次にまたがんばればいいのよ
…はい

自助論
【幸運は手の届くところで待っている】
われわれを助けるのは偶然の力ではなく、確固《かっこ》とした目標に向かってねばり強く勤勉に歩んでいこうとする姿勢なのだ。
意志《いし》薄弱《はくじゃく》で怠惰な人間、目的もなくぶらぶらしている人間には、どんな幸運もやってこない。
目の前をまたとないチャンスが通りすぎても、その意味もわからずぼんやりと見すごすだけだ。
反対に、幸運の女神を抱きとめようと虎視《こし》眈々《たんたん》と狙《ねら》っていれば、きっと驚くほどの成果が得られるだろう。
チャンスは、いつもわれわれの手の届くところで待っている。
問題は、それを機敏《きびん》にとらえて実行に踏《ふ》み出すかどうかなのだ。
『自助論』を読んでよかったわ
私にとっても足りないのは決意だったのよ
…一生この世界でやっていく決意をしたの
…私もアイドルになる決意をします
おかげで迷いが吹っきれました

自助論

【愚物《ぐぶつ》を大人物に変える「1時間」の差】

毎日1時間でいいから、
無為《むい》にすごしている時間を
何か有益な目的のために
向けてみるがいい。

わずかな時間も無駄にせず、
こつこつと努力をつづければ、
積もり積もって
大きな成果に結びつく。

どんな無知な人間でさえ、
10年もしないうちに
見違えるほど博識《はくしき》の
大人物に変わっていく。

時間は、
学ぶべき価値のある
知識を吸収し、
すぐれた信念を養《やしな》い、
よい習慣をしっかり
身につけるために
使われるべきである。

実りのない生活をつづけて
時間を浪費《ろうひ》することなど
断《だん》じて許されない。

「転機」を見抜いて生かすには？

——チャンスを見抜く才覚、生かす才覚

「ニュートンが、木からリンゴが落ちるのを見て、万有引力を発見したという話は知っているかい？」

「もちろんです。ニュートンって、ものすごくラッキーだったんですね」

「いや、ニュートンの偉大な発見は、単なる偶然じゃないんだ。ニュートンは、**長年重力の問題を考えつづけ**、**こつこつと研究を重ねてきた**から、たまたまリンゴが落ちるのを見て、インスピレーションがわいてきたんだよ」

「そうだったんですか」

「ロシアのことわざで、『**注意力が散漫《さんまん》な人は、森を歩いても薪《まき》を見つけられない**』というのがあるけど、ニュートンの場合も、毎日引力のことを考えて、そこに注意力を向けていたから、偉大な発見をなしとげられたんだ」

「先輩の注意力は大丈夫ですか？　ほら、すぐ近くに私がいますけど……」

「ん？　どういうこと？」

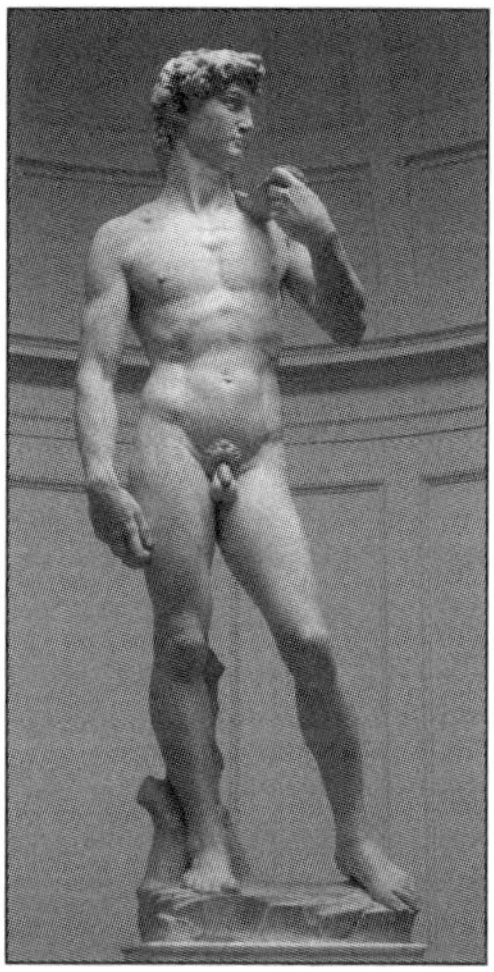

ミケランジェロ・ブオナローティ
1475 ～ 1564年

イタリアの彫刻家・画家・建築家・詩人。ルネサンス期の典型的な「万能人」のひとり。写真はその代表作「ダヴィデ像」。

私は今でも学びつづける

ミケランジェロの作品に書き込まれている名言。抜群の才能をもちながらも、ミケランジェロはつねに上を目指し、自己修練《しゅうれん》をつづけたのだった。

▲ミケランジェロの成功の秘訣は、あくなき向上心と、そこから生まれる観察力だった。

❖自分の志《こころざ》した道で成功するための絶対条件!!

ミケランジェロ・ブオナローティ（1475～1564年）は、ルネサンス期に活躍した彫刻家・画家です。その豊かな表現力から、現代でも「天才」と称されます。

ミケランジェロは同時代の芸術家の誰よりも創作活動に時間を費《つい》やし、ほとんど一日中、創作をしていたといわれます。いったん床《とこ》についても、夜中に起き出しては、創作活動の続きにかかりました。

あるときミケランジェロは、ヴェネツィアの貴族から胸像《きょうぞう》を作るように依頼を受けました。彼はたった10日でそれを作り上げ、代金として金貨50枚を請求《せいきゅう》しました。貴族は「10日で金貨

50枚は高すぎる」と抗議《こうぎ》しました。そのとき、ミケランジェロはこういったそうです。

「あなたはお忘れになっていますよ。胸像を10日で作り上げるようになるまで、私が30年間も修業を積んできたことを」

ミケランジェロのような**あくなき向上心**をもち、何十年もの長きにわたって**自己修練《じこしゅうれん》を実践**するのは、なかなか難しいことです。しかし、**「この道を極《きわ》めよう」という志**をとげて成功を得ることができるのは、自己修練を実践しつづけられる人だけなのです。

❖「当たり前を疑う力」こそが成功の秘訣だった！

絶え間のない自己修練こそが成功のカギである……。「そんなのただの〝根性論〟なんじゃないの？」と思う人もいるかもしれません。

しかし、ただの「根性論」ではない真理が、ここには隠れています。

大きな目標をもち、つねにそのことを考えている人は、**自分の身のまわりのほんの小さな現象から、問題を解決するヒントを読み取る**ことができます。

あるとき、イタリアのピサの大聖堂の番人が、天井からつるされたランプの掃除《そうじ》を終え、ランプが揺《ゆ》れているのをそのままにして立ち去りました。それを見つけたのが、当時18歳の大学生だった**ガリレオ・ガリレイ**（１５６４〜１６４２年）です。

ガリレオはこのランプの揺れを注意深く観察し、それを時間の計測に役立てられないだろう

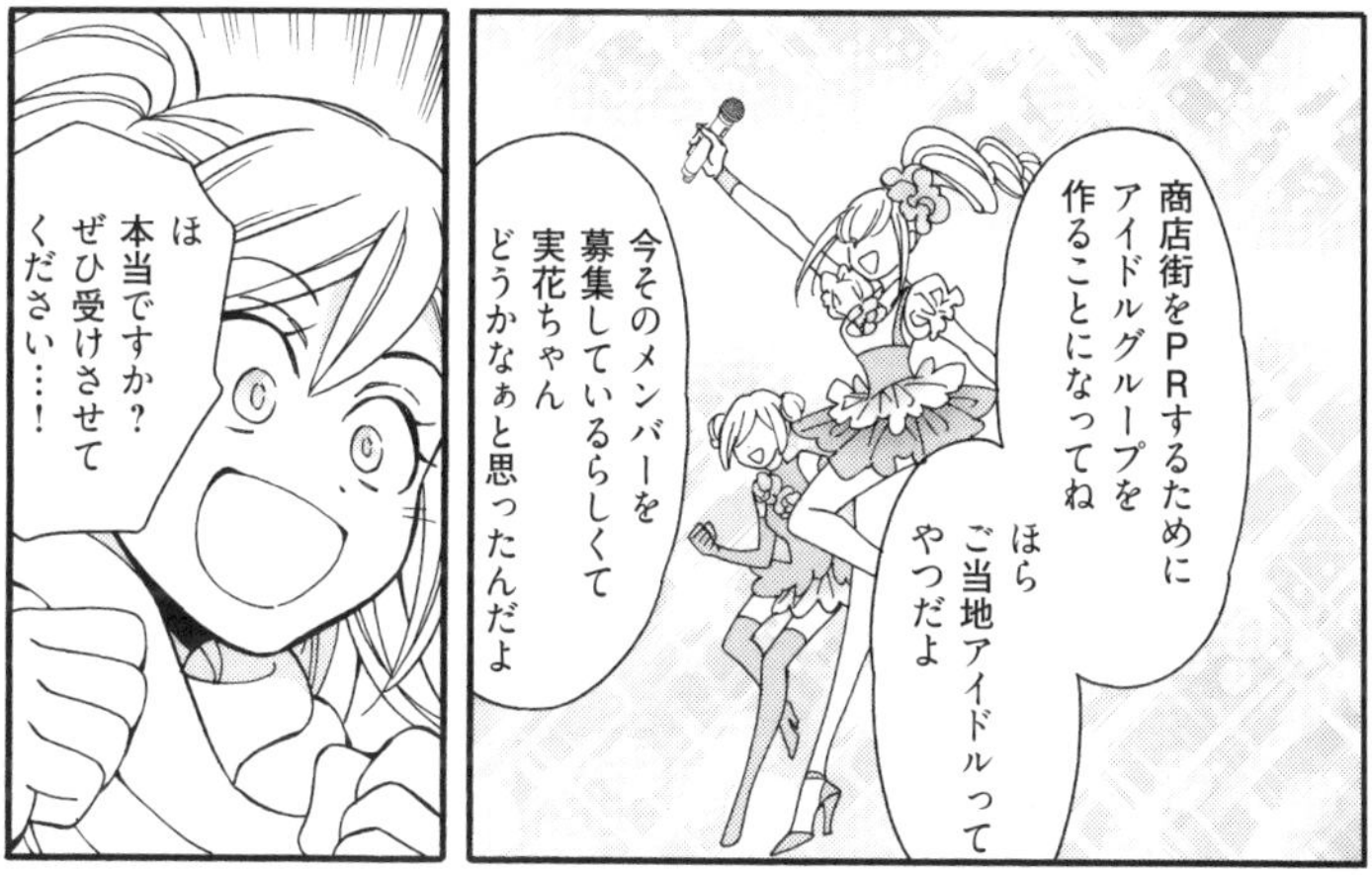
商店街をPRするために
アイドルグループを
作ることになってね
ほら
ご当地アイドルって
やつだよ
今そのメンバーを
募集しているらしくて
実花ちゃん
どうかなぁと思ったんだよ
ほ
本当ですか？
ぜひ受けさせて
ください…！

▲あなたが望むチャンスは、いつやってくるかわからない。いつもアンテナを立てて準備しておこう。実花も、歌やダンスの練習を積み、心の準備をしていたからこそ、すぐに行動することができた。

かと考えました。そしてその後、50年にもわたる研究と努力の末、振《ふ》り子の一定周期の揺れを時計という形で実用化する道を開いたのです（それをもとにガリレオの死後、クリスティアーン・ホイヘンスが振り子時計を発明します）。

ガリレオ以前にも、ひもの先につるした重りが規則正しく揺れるのを見た人間は大勢います。しかし、その規則正しい揺れの重要性に気づいたのは、ガリレオが最初です。振り子時計の発明は、ガリレオの**注意力**と**観察力**の産物なのです。

❖チャンスを見《み》逃《のが》さないために！

イギリスの物理学者**マイケル・ファラデー**（1791〜1867年）は、電磁《でんじ》気《き》学《がく》をはじめ、さまざまな分野で非常に大きな功績《こうせき》をのこしましたが、じつは高等教育を受けていませんでした。裕福とはいえない家庭で育ち、学校にほとんど行けなかったのです。

そんなファラデーが、なぜ人類史にのこる偉大な科学者となれたのでしょうか？

彼は若いころ、製本《せいほん》職人の仕事についていました。ある日、百科事典を製本する仕事の最中に、「電気」という項目が目にとまり、興味をそそられてその記述を読みふけりました。

そしてそこへ偶然、王立科学研究所のメンバーが立ち寄ったのです。彼は、若い製本職人が電気の問題に関心をもっているのを面白く思い、研究所での講演を聴《き》く許可を与えました。

ファラデーはそのチャンスを逃さず、すぐに研究所をたずね、電気に関する講義を受けました。彼は非常に正確なノートを取り、そのすぐれた内容は研究所の科学者の目にとまります。すかさずファラデーは「自分も科学の研究に打ち込みたい」と懇願《こんがん》し、王立科学研究所の一員として迎えられたのでした。

一種のシンデレラストーリーですが、彼を希望の道へと導いたのは、強い熱意と**チャンスを逃さない行動力**だといえます。もしかしたらファラデー自身にも、それがチャンスかどうかわからなかったかもしれません。それでもとにかく行動したからこそ、道が開けたのです。

あなたがどんなに望まない境遇にあったとしても、必ずチャンスはやってきます。ただそれは、一度逃がすともう二度とやってこないかもしれません。チャンスかも!?　と思ったら、とにかく行動です！

Chapter 3

「意志の力」を甘く見るな！

——勝利のための最も大切な要素とは？

ぼーっ

私たちが売れないのは事務所が悪いのよ！
MIKASA様 控室
そうよ マネージャーが無能だから私たちが損するのよ!!
それより月給が2万円なのを何とかしてほしいわ！
客はキモイヤッばっかだし!!

やってらんないわね…
ガチャッ
ASA様
はい みんな こっちに 注目して！
!?

あの…
誰ですか?
あなたたちの新しいボスよ
えっ!?
あなたたちの事務所は私が買ったの
正確にいえばあなたたちの会社は我々のZZZ《スリーズィー》グループの100%子会社となりました
だから今までと同じ考えでいてもらっては困るの!
これからあなたたちには選択をしてもらいます!
アイドルをつづけるために死ぬ気で努力をするか
それともアイドルをあきらめて今すぐ立ち去るか
…よ!!

私たちが売れないのは事務所に力がないからです！
努力なんてとっくにしているわ！
え…!?
自助論
【世間への不満】
世間にあれこれ不平不満をぶちまける人は、間違っている。
どこか長所のある人間なら、いつまでも世の中に無視されつづけるわけがない。
成功をとらえられないのは、たいていはその本人が悪いからだ。
あなた名前は？
MIKASAのセンターのユキナです
ユキナさん…努力はすでにしているというのね？
はいそうです
でも私が求めているのはその何十倍もの努力よ!!
そんなの無駄です！

ではあなたには努力する気がないと判断させてもらうわ…
今すぐここから立ち去りなさい！
ど　どういうことですか？
あなたはクビ
クビ…！
ザワ…

カラオケ♪
本当に商店街のヤツらは見る目がないよなぁ
いいえ 私が自己アピールを上手にしていれば…
実花ちゃんのプロフィールは大手《おおて》の事務所にも送っておいたからきっと反応があるよ
ありがとうございます！
そうだといいんですけど…！
この子もイマイチ…
みんな似たりよったりねぇ
ZZZグループ
アイドルグループのリーダーなんか社長自らお選びにならなくても…
いいえ…古代スカンジナビアの古老が語ったこんな言葉があるの「私は神も悪魔も信じない自らの肉体と魂の力にのみ全幅《ぜんぷく》の信頼を置く」
…と

MIKASAのリーダー選びは私の中で何かが引っかかるのよ
前々から疑問だったんですけど…
うちはテクノロジーが売りのIT企業なのにどうしてアイドルの育成なんですか？
21世紀型企業はテクノロジーとコンテンツの垣根《かきね》がなくなるわ
グーグルもアップルもコンテンツ制作に乗り出しているのよ
うちも流れに乗らなきゃ生きのこれないわ
グーグルやアップルとは規模《きぼ》が違いますけどねぇ…
…ところで社長『自助論』って何ですか？
『自助論』？
この子 特技に『自助論』って書いてあるんですけど何のことかなって
えっ どれ 貸して！
この子は…
あのときの…！

店長が送ってくれた
プロフィールに
まさか 反応があるなんて…
面接にこいって
いわれちゃったけど
どうしよう…！
あの…
こんにちは
あなたが
実花さんね？
はい

私があげた
『自助論』
読んでくれた
ようね？
あーっ
あのときの…!!
バッグを拾ってくれた
お礼を お金にしても
よかったけど
あなたにはお金よりも
あの本のほうが
役に立つと思ったのよ
ありがとう
ございます！
本当に役に
立っています
今日は アイドルグループ
MIKASAのリーダーを
決める大事なテストなの
がんばってね
実花さん
あなたが
リーダー候補《こうほ》
です
ザワッ
私が…!?

私にはリーダーなんて無理です！
強い意志の力をもてば大丈夫よ
強い意志の力…
自助論
【自らを方向づける「意志の力」】
「あなたは、望めば
どんなものにでもなれる。
われわれの意志の力が
神の力と結びつくなら、
その効果はきわめて大きい。
心から真剣に求めつづけていれば、
すべては可能となる。
だが、謙虚《けんきょ》さや忍耐、
節度《せつど》や寛大《かんだい》さを身につけたいと
強く願わないかぎりは、
何を望んでも叶えられは
しないだろう」
（ある聖者の言葉）

いだっ
ぐきっ
まじか…
社長！歌もダンスも素人《しろうと》同然です
とても使いものになりません!!
ハハハひどいな～♡
彼女にセンターなんて無理です！
そうだよ別の人にしてください!!
私たちと釣《つ》り合いませんよ!!

あなたたちは黙っていなさい！決めるのは私よ
MIKASAのセンターは…実花さんあなたにするわ
ま…
待ってくださいみんなのいうとおりです私とてもセンターなんて無理です……！
ダメよ今日からあなたがセンターを務《つと》めるの

そんな…
人間はひとつやふたつ長所があっても誰からも相手にされない …なんていう人がいるけど そんなのデタラメよ
だいたい その人たちは自分の怠けぐせを棚《たな》に上げて成功できないことを世の中のせいにしているだけ…
もちろん人間の長所といっても千差《せんさ》万別《ばんべつ》で その多くは中途半端《ちゅうとはんぱ》で不《ふ》徹底《てってい》なものよ
でも 本当に鍛《きた》えられたすぐれた長所をもち それを発揮《はっき》する人間なら 世間が見逃すわけがないのよ
MIKASAが売れないのはあなたたちの責任よ
人のせいにするんじゃないわ!
いいこと! 今日から死にものぐるいで歌とダンスのレッスンをしなさい!!
…はい

…ただし
どんなに長所があっても
家の中に閉じ込もって
チャンスの到来《とうらい》を
ただ待っている
だけでは話に
ならないのよ
「眠るライオンより
吠《ほ》える犬」っていう
『自助論』の言葉を
覚えてる？
はい…
私は
あなたに
リーダーの素質《そしつ》が
あると思っているわ
でも
今のあなたに
必要なのは
「吠える犬」
なのよ
どん底から
抜け出したい
のよね…？
ZZZ
ならその
引っ込み思案な性格を
自分自身で克服《こくふく》
することね

自助論

押しが強い人間は
成功する。
だが、才能はあっても
内気な人間は
振り向きもされない。

押しの強い人間には、
機敏に行動できるという
貴重な資質が
備《そな》わっている。

これがなければ、
いかにすぐれた長所を
身につけていても
宝のもちぐされに
すぎない。

往々《おうおう》にして、
吠える犬のほうが
眠っているライオンより
役に立つ場合が多い。

私がアイドルグループに入れるなんて…
…でもお父さんやお母さんは何ていうかなぁ…
アイドルグループ!?
お姉ちゃんアイドルになるの？
う うん…
バイトはどうするつもりなんだ!?
バイトは少しセーブしなくちゃいけないけど…
そんなの認められるか

お前の学費
いくらかかると
思ってるんだ!!
じゃあ
もう学校 辞《や》める!
バカ!
ちゃんと
学校出ないと
まともな仕事に
就《つ》けないぞ!!
もう
ねようねー
…お父さんのいう
まともな仕事って
何!?
すぐれた仕事も
劣《おと》った仕事も
ないでしょ
『自助論』にだって
職業に貴《き》賤《せん》の区別は
ないって書いてあるよ!
な
何だ
『自助論』
って?

お父さんが
勤勉と倹約に励めば
うちの生活だって
もっと楽に
なったんじゃないの!
お
お前は
生意気な口を
きくな!!

【働くことについて】

職業には、
貴賤の区別などない。
土を耕《たがや》す仕事も道具作りも、
機織《はたお》りも、店員も、
みな立派な職業だ。

「まともな仕事を
もっていれば、
恥じ入る必要などない。
仕事に就いていない
人間こそが恥を
知るべきなのだ」

「額に汗する仕事にせよ、
頭を使う仕事にせよ、
とにかく働けば
それ相応の報いはある」

たとえ世間から低く
見られるような職業に
就いていたとしても、
そこから身を起こして
大成したのであれば、
何ら恥ずかしい思いを
する必要はない。

むしろ、困難を乗り越えて
現在の地位に達したことを
誇《ほこ》りにすべきだ。

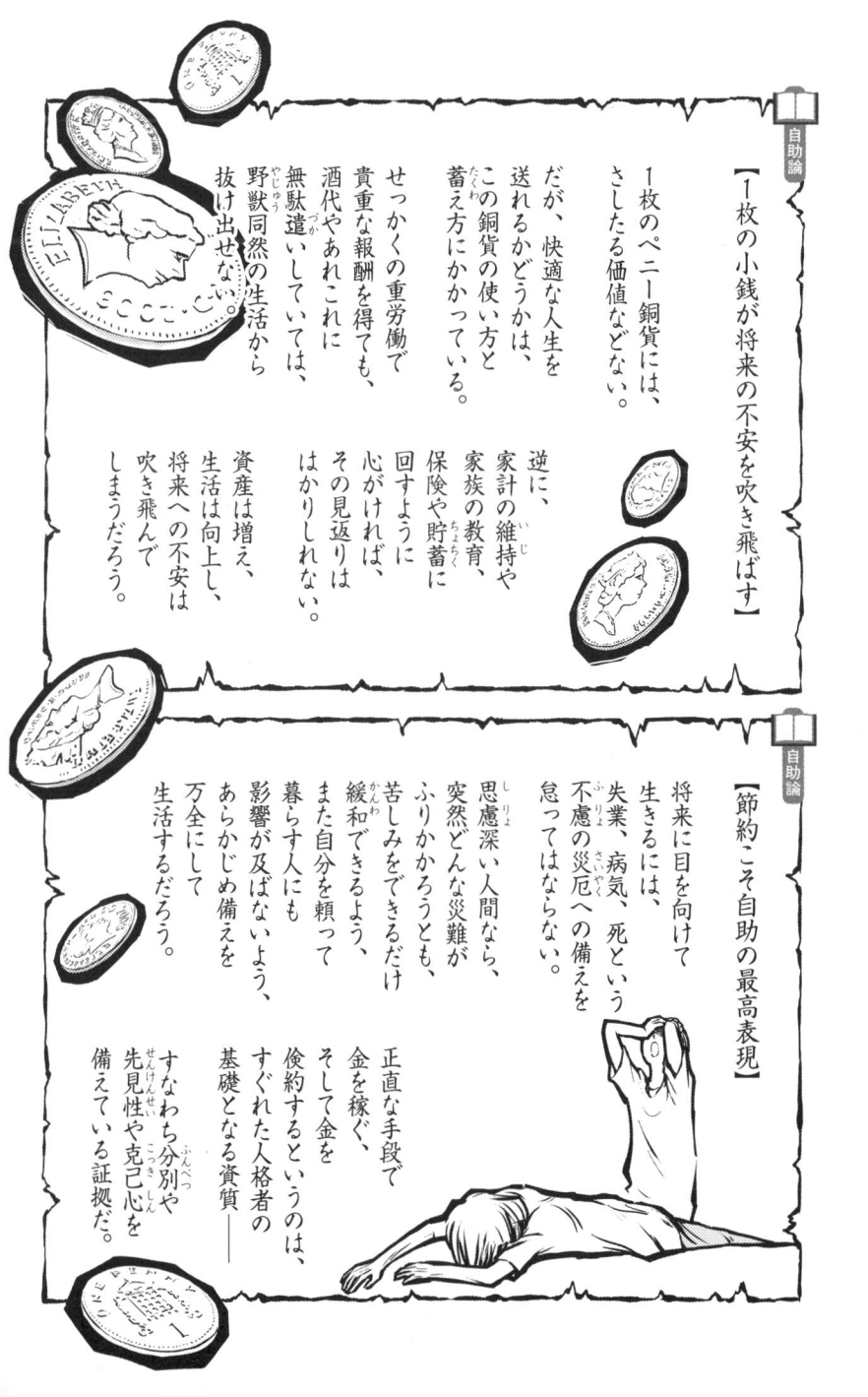

【1枚の小銭が将来の不安を吹き飛ばす】

1枚のペニー銅貨には、
さしたる価値などない。

だが、快適な人生を
送れるかどうかは、
この銅貨の使い方と
蓄《たくわ》え方にかかっている。

せっかくの重労働で
貴重な報酬を得ても、
酒代やあれこれに
無駄遣《づか》いしていては、
野獣《やじゅう》同然の生活から
抜け出せない。

逆に、
家計の維持《いじ》や
家族の教育、
保険や貯蓄《ちょちく》に
回すように
心がければ、
その見返りは
はかりしれない。

資産は増え、
生活は向上し、
将来への不安は
吹き飛んで
しまうだろう。

【節約こそ自助の最高表現】

将来に目を向けて
生きるには、
失業、病気、死という
不慮《ふりょ》の災厄《さいやく》への備えを
怠ってはならない。

思慮《しりょ》深い人間なら、
突然どんな災難が
ふりかかろうとも、
苦しみをできるだけ
緩和《かんわ》できるよう、
また自分を頼って
暮らす人にも
影響が及ばないよう、
あらかじめ備えを
万全にして
生活するだろう。

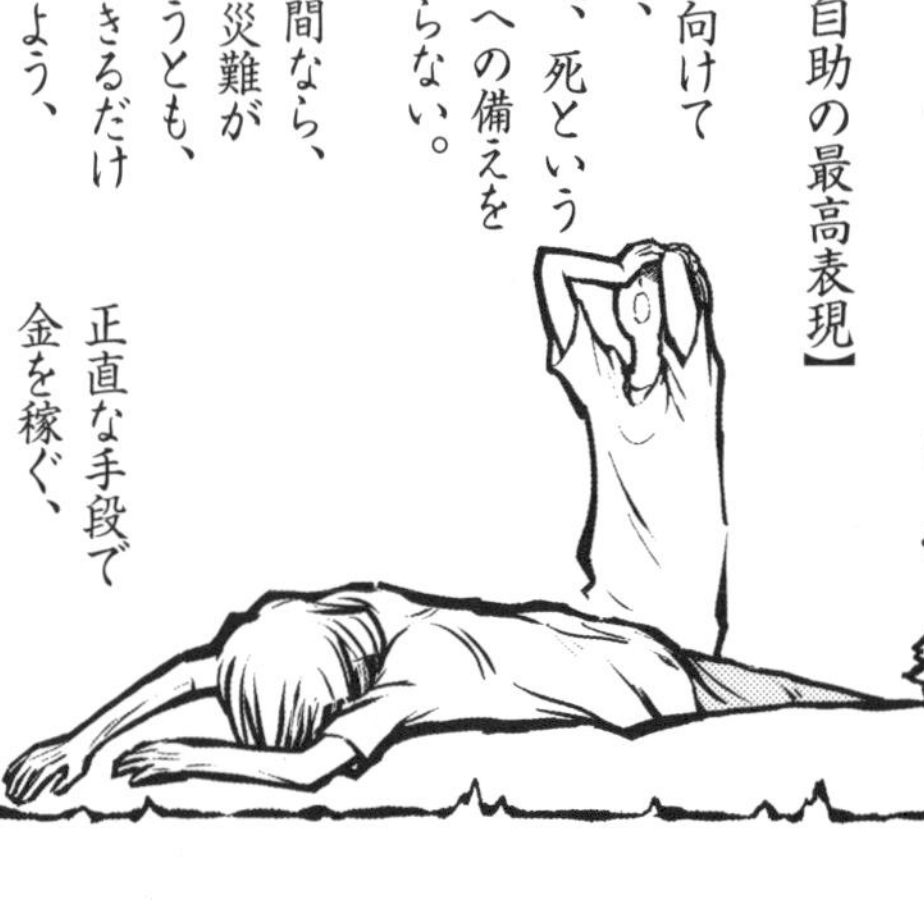

正直な手段で
金を稼ぐ、
そして金を
倹約するというのは、
すぐれた人格者の
基礎となる資質——

すなわち分別《ふんべつ》や
先見性《せんけんせい》や克己心《こっきしん》を
備えている証拠だ。

お父さん
実花を責《せ》めるのは
筋違《すじちが》いよ!
な
なんだと!?
実花は 友だちが
遊んでいるときに
バイトしてるのよ
娘にこんな思いをさせて
恥ずかしいと思わないの!?
俺だって
好きで仕事
辞めたんじゃ
ねーよ!
会社が潰《つぶ》れち
まったんだから
しょうがねーだろ
みんなして
俺のせいにして…
困ったときは
家族で協力
してくれても
いいじゃねえか!
こんな時間に
どこ行くのよ!?
ほっときなさい
実花
ガタンッ
はい
これは…?

あなたの将来のために少しずつ積み立てしてきたの…アイドルとなると衣装とかにお金がかかるでしょう？使いなさい
でも
バイトは減らしていいわよお母さんが何とかするから…
アイドルグループなんてめったなことじゃ入れないでしょう？
せっかくのチャンスじゃないの！自分の思ったとおりにやりなさい
…ただし学校はちゃんと卒業するのよ
それだけは約束して
お母さん…
ありがとう…
それで…アイドルってお給料いくらぐらいなの？
えっ⁉
ニヤッ
お母さんって吠える犬だわ…

解説

Chapter3

自分の心を「目的」に向ける！

——覚悟を決めると、すごい力がみなぎってくる！

「私、自分に才能があるのか不安なんです」

「あのね、**才能よりももっと大事なものが**あるのよ。それは**決意**よ」

「決意？」

「成功を勝ち取るには、努力、努力、努力が必要だけど、その前提となる決意が中途半端だと、努力は長くはつづかないものなの。結局は挫折《ざせつ》してしまうのよね。いいかえれば、**決意をもって努力をつづけることができるのが才能な**のかもしれないわ。さあ、決意するのよ！」

「決意が大事なのはわかりました。ただ、なかなかそれが難しくて……」

「あなたのような引っ込み思案の人は、〝**吠える犬**〟になってみるといいのよ。余計なことを考えずに、犬になって、ワンワンワンって吠えてみなさい！　**まず自分の望みに正直になってみて。考えるのはそのあとでいいのよ**」

「ほ、吠えるんですか……？」

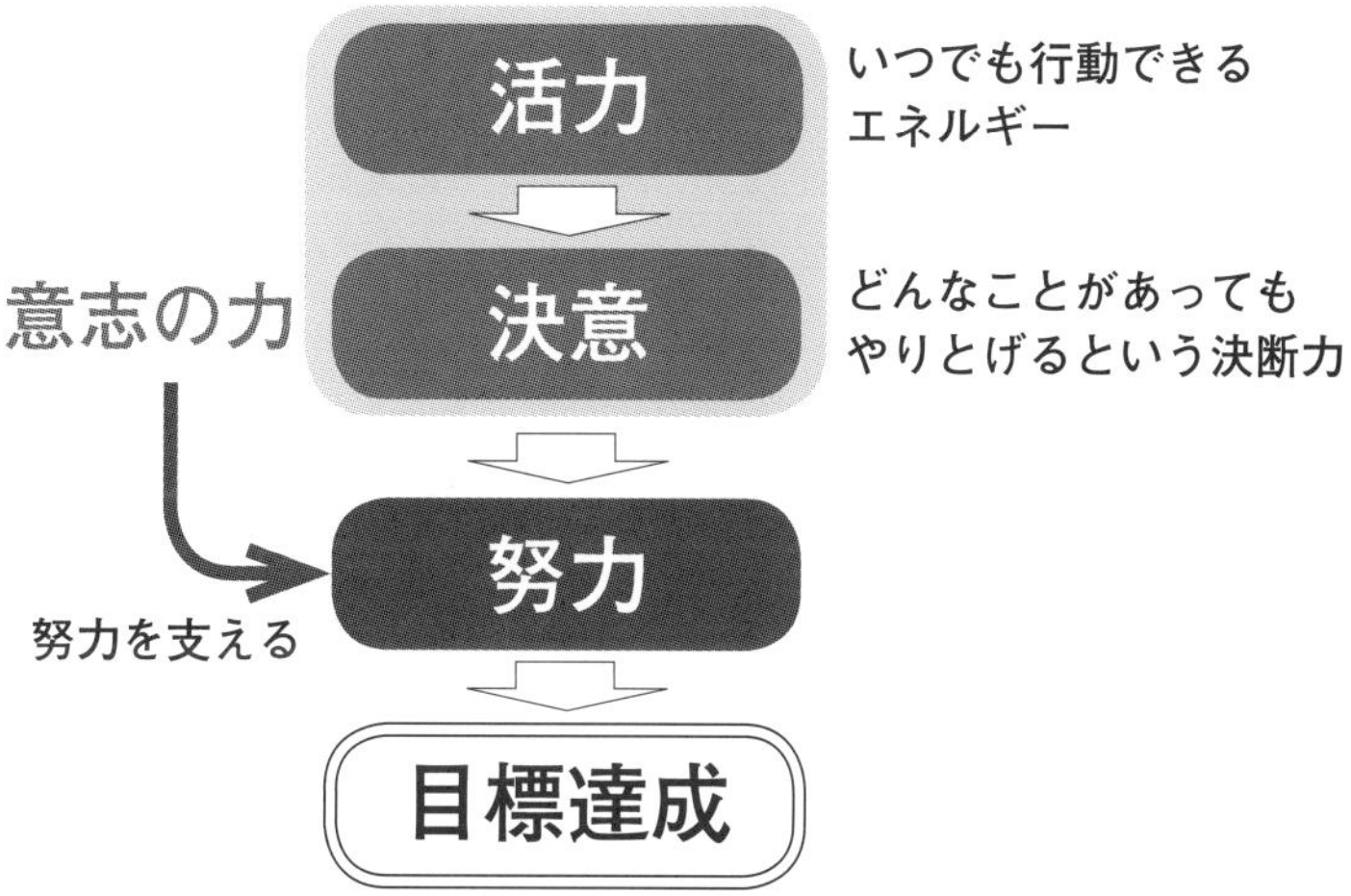
活力
いつでも行動できる
エネルギー
意志の力
決意
どんなことがあっても
やりとげるという決断力
努力
努力を支える
目標達成

▲活力と決意が不断《ふだん》の努力を支え、目標達成につながる。これが成功のメカニズムだ。

❖人生に希望をもたらす 2つのパワーとは!?

『自助論』は、**努力によって目標を達成する生き方**を示してくれる本ですが、肝心《かんじん》の努力をはじめるためには、何が必要なのでしょうか？

スマイルズは、ある政治家の次のような言葉を挙げて説明しています。

「偉大な人間と取るに足りない人間との違いは、その人間が**旺盛《おうせい》な活力**と**不屈の決意**をもっているかどうかにかかっている。（中略）**旺盛な活力と不屈の決意さえあれば、この世に不可能なことはひとつもない**」

人が努力をはじめるには、**行動を起こせるだけのエネルギー**と、**「どんなことがあってもやりとげよう」という決断の力**が必要だということです。それらが合わさって**意志の力**になり、努力を支えます。そして**人生に希望と実りをもたらす**のです。

❖意志の力で、不可能なことも可能に変わる！

エネルギーと決断から生み出される意志の力があれば、途方もない望みを実現することもできます。

ある大工は、知事が腰かける椅子《いす》の修理をしていましたが、その仕事ぶりがあまりに丁寧だったため、そばで見ていた人が理由を訊ねました。大工の答えはこうでした。

「じつをいうと、私がこの椅子に腰かける日のために、少しでも座り心地《ごこち》をよくしておこうと思ったまでなんですよ」

驚くことに、彼はその後、本当に知事となり、その椅子に腰をおろしたそうです。

当然、思っているだけで努力も何もしなければ、大きな夢は実現しません。しかし、**まず強く望まなければ何もはじまらない**ということは、真実に違いありません。

人間は、水面に投げ出されて流れのままに漂《ただよ》う麦ワラなどではなく、立派に泳ぐ力を備え、波に逆《さか》らって自分の目指す方向へ進んでいける存在なのです。

真に価値ある目標は、勇猛果《ゆうもうか》敢《かん》に取り組まなければ成就《じょうじゅ》できるものではありません。人間の成長はひとえに、困難と闘《たたか》おうとする意志の力、すなわち努力にかかっています。そして**一見不可能と思えることの多くが、努力によって可能**

▲「不可能だ」という決めつけは、努力の最大の敵であり、目的達成を妨《さまた》げる。「意志の力」を信じて、まずは努力をはじめてみよう。

となるのです。

❖現代のビジネスにも通用する！ あのナポレオンの決断力!!

「不可能という言葉は、愚者《ぐしゃ》の辞書に見ゆるのみ」

こう語ったとされるフランスの英雄**ナポレオン・ボナパルト**（1769〜1821年）はまさに、**旺盛なエネルギーと決断力をもった「意志の人」**でした。

彼の時代のフランス国内は、**フランス革命**（1787〜1799年）で不安定な状況がつづき、諸外国は革命でできた新政府をつぶそうとしていました。そんな中ナポレオンは、外国軍を打ち破って祖国を守ります。

フランス軍の進軍がアルプス山脈に阻《はば》まれたとき、ナポレオンはこういい放ちました。

「アルプスを片づけてしまおう」――そしてそれまで誰も通れなかった険《けわ》しい峠《とうげ》に、道を切り開いたのです。

戦いに勝つにはすばやく決断し、迅速《じんそく》に行動を起こすことが必要です。

ナポレオンは**行動のタイミング**について、次のように語っています。

「**一瞬のチャンスを逃すと、それが不幸な敗北につながる**。敵軍は、時間の価値を知らなかった。いつまでもぐずぐず攻撃をためらっていたから、ヤツらはわが軍に打ちのめされてしまったのだ」

ナポレオンが武器とした**決断力**は、**変化がめまぐるしい現代のビジネスシーン**においても、非常に重要な意味をもちます。

ほんの一瞬判断が遅れることで、ビジネスの波に乗り遅れたり、ライバル企業に遅れを取ったりするのはよくあることです。組織のトップに**迅速で的確な決断力**が求められるのは、軍隊も企業も同じなのです。

❖まずは「吠える犬」になる！

「私だって、もし仕事ぶりが正当に評価されて大きな決断を任せてもらえたら、立派にやりとげられる。だけど押しが弱いから、私のがんばりに誰も気づいてくれない。結局いつも、押しが強くて厚かましい人間ばかり得をする……」

そのような思いを抱いている人は多いのではないでしょうか。しかし、**内向きに閉じ込もっ**

ナポレオン・ボナパルト
1769 ～ 1821年

フランスの軍人・政治家。
革命期のフランスで頭角をあらわし、ヨーロッパ大陸の大半を制覇《せいは》するにいたった。

最高に真実なる知恵は毅然《きぜん》とした決断なり

不可能なように思えることでも、決断力によってなしとげられる。

▲「英雄」の代名詞ともいえるナポレオンを支えたのは「意志の力」だった。「彼の人生は、強い力と俊敏《しゅんびん》な決断力が何をもたらすかをはっきり示していた」とスマイルズは述べる。

た性格のせいにして何もしないでいては、どんな長所も「宝のもちぐされ」です。

「押しが強くて厚かましい人間」の機敏な行動や判断力は、素直に見習うべきではないでしょうか。彼らのすぐれたところを探してみましょう。

何か行動したいと思いながら、つい尻込《しりご》みしてしまうときには、**「吠える犬のほうが、眠っているライオンより役に立つ」**という『自助論』の言葉を心の中で唱えてください。

❖貯蓄を成功させるカギも「意志の力」だった！

さてここで少し視点を変えて、**私たちの日常生活の中で「意志の力」を生かせる場面**がないか、考えてみましょう。

『自助論』は、**人それぞれの職業を通じて正当に得たお金を倹約して使い、貯蓄すること**を推《すい》奨《しょう》しています。まるで蓄えがなくて日々の生活にすら困窮《こんきゅう》するようでは、自由に自分の行動を決めることもできず、自助の精神を生かせなくなってしまいます。そのような事態を避《さ》けるためにも、ある程度の蓄えをしておきなさいというわけです。

節約と貯蓄には、ずば抜けた勇気やすぐれた美徳が必要なわけではありません。しかし、なかなか実践できない人もいるのではないでしょうか。

思うように貯金ができない人は、「収入から支出を引いたのこりを貯蓄に回す」と考えがちです。でもそれでは、いつまでたっても貯蓄は難しいのです。なかなか支出を抑《おさ》えることができず、結局貯蓄に回せる分がなくなってしまうからです。

ここで発想を逆転して、「先に収入から貯蓄する額を引き、のこりの額を支出に回す」と考えてみましょう。

そして**明確な目的**を立てます。「結婚資金にする」「マンションや家を買うときの頭金《あたまきん》にする」「起業して独立する」など、目的をはっきりさせ、**その目的のために、「どんなことがあっても倹約して貯蓄しよう」と決断して、「意志の力」をかき立てる**のです。

「意志の力」の使い方を身につけさえすれば、日常の小さなことから、ナポレオンがなしとげたような偉業まで、どんなことも実現可能なのです。

Chapter 4

目の前の仕事に全力を尽くせ！

——苦難が人間を立ち上がらせる

なんかし ヘタに なってね？
――ねえ アイリ 今日の トイレ掃除《そうじ》 代わって くれない？
友だちと約束 しちゃった んだ
MIKASA様 控室
えーっ ダメよ 私 バイト だもん
ミユは？
ボク 昨日 やった ばかりだよ
私は もう3回も 代わってる からね

何よ みんな冷たいなあ！
自分が当番ってわかってて約束入れるのが悪いんでしょ
しょうがないじゃないつき合いがあるんだから
それはみんな一緒でしょ！
あの…トイレ掃除私が代わりましょうか？
ホント!? じゃあよろしくね！
だからみんな仲よくしましょう
……
——ずっとあの子がトイレ掃除だと助かるわね
そうよあの子は私たちの足を引っぱっているんだからこういうところでカバーしてもらわなくっちゃね
苦難が人間を立ち上がらせる…
がんばろう！

ぐー
ちょっと やだぁ あの客 またきてる
あの酔っ払いのオジサン最低〜！ しつこくからんでくるんだよね
実花さーん 酔っ払ったお客さんがいるので よろしくお願いしまーす
難しいファンの対応はリーダーである実花さんでないとねぇ
そうだよねぇ
…はい

お客さま もうステージは 終わりましたよ お帰りは あちらの出口から どうぞ
何だよお前 俺に指図《さしず》するのかよ
指図だなんて… そんなつもりは
いくら働いても 生活が 少しも楽に ならないんだ…
どうしたら いいんだよ!!
どうしたらって…
…そうだ 『自助論』!
ええっと…
今の生活が 快適なら それを維持し あまりよくなければ 改善して いくべきですが
改善するには確実な 方法が４つあります
「勤勉」「倹約」「節制」 そして「誠実」という 美徳を実践することです

ねーちゃん いいこと いうじゃねーか
俺 感動したぞ
これは『自助論』という本に書いてあることで…
さっきの言葉は政治家であるジョン・ブライトの言葉なんです
もっといい言葉はないのかよ？
えーっと ほかには…

自助論

【困難への取り組み方】

困難は乗り越えるためにある。
だから、ただちに困難と取り組め。
実践しているうちに、
それを克服するうまい方法も
見つかるはずだ。

努力をくり返せば、
力と勇気がわいてくる。
精神や人格はいつの間にか
完璧《かんぺき》なまでに鍛え上げられ、
潔《いさぎよ》く勇敢な態度が身につき、
自分の意のままに行動
できるようになるだろう。

ただし、
困難と真剣に闘った
経験のない者には
このことはとうてい
理解できないだろう……。

困難を征服《せいふく》しながら、
われわれは学んでいく。
ひとつの困難を克服すると、
それが新たな困難に
立ち向かう助けとなる。
困難に立ち向かわなくても
すむようになるのは、
人生が終わり、
修養《しゅうよう》の必要もなくなった
ときだけだ。
よいしょっと…
また別のある日
じつは…事業が失敗して何もかも失ってしまったんだ
もう死のうと思ってて…
そうだったんですか…

昔 あなたと同じ
境遇に陥《おちい》った人も
死のうと思って
丘の上にきたそうです
丘から下を眺《なが》めていると
その土地は かつて
その人が所有していた
土地で…
その人は
かつての自分の土地を
眺めているうちに
死ぬのをやめて
必死で働いて
土地を取り返そうと
思ったそうですよ

自助論
そのほかには…
【黄金よりも知恵を求めよ。
知恵はルビーにまさる】
【1枚の小銭が
将来の不安を吹き飛ばす】
へえ…

なんだか勇気がわいてきたよほかに話はないのかい？
そうですねぇ…「ひょうたんザル」って知ってますか？

ひょうたんザル？

自助論

アルジェリアのカビール地方の農民は、ひょうたんを木にしっかりとくくりつけ、中に米粒《こめつぶ》を入れておく。

ひょうたんには、サルの手がちょうど入るくらいの穴があいている。

夜になると、サルはひょうたんの穴に手を突っ込み、米粒をわしづかみにする。

そして手をひょうたんから引き抜こうとするのだが、米を握《にぎ》りしめているから抜けない。

手をゆるめればいいのに、そこまで知恵が回らないのだ。

やがて夜が明け、農民に生《い》け捕《ど》りにされるわけだが、そのときのサルは、米粒をしっかり握りしめたままじつに間の抜けた顔をしているという。

このサルって 金の亡者《もうじゃ》になった 人間みたいじゃ ないですか？
お金でしか 解決できないことも ありますが
お金があっても 人間は幸せになる とはかぎりません
お金におぼれる人は その先に自滅《じめつ》が 待っているのでは ないでしょうか…
なるほど… 君の話を聞いていたら 人生は 奥深いものだと 感じてきたよ
ありがとう もう二度と 死ぬなんて 口にするのは やめるよ…！
実花さん どうして トイレ掃除を 熱心にやってるの？
私たちへの 嫌《いや》みのつもり？

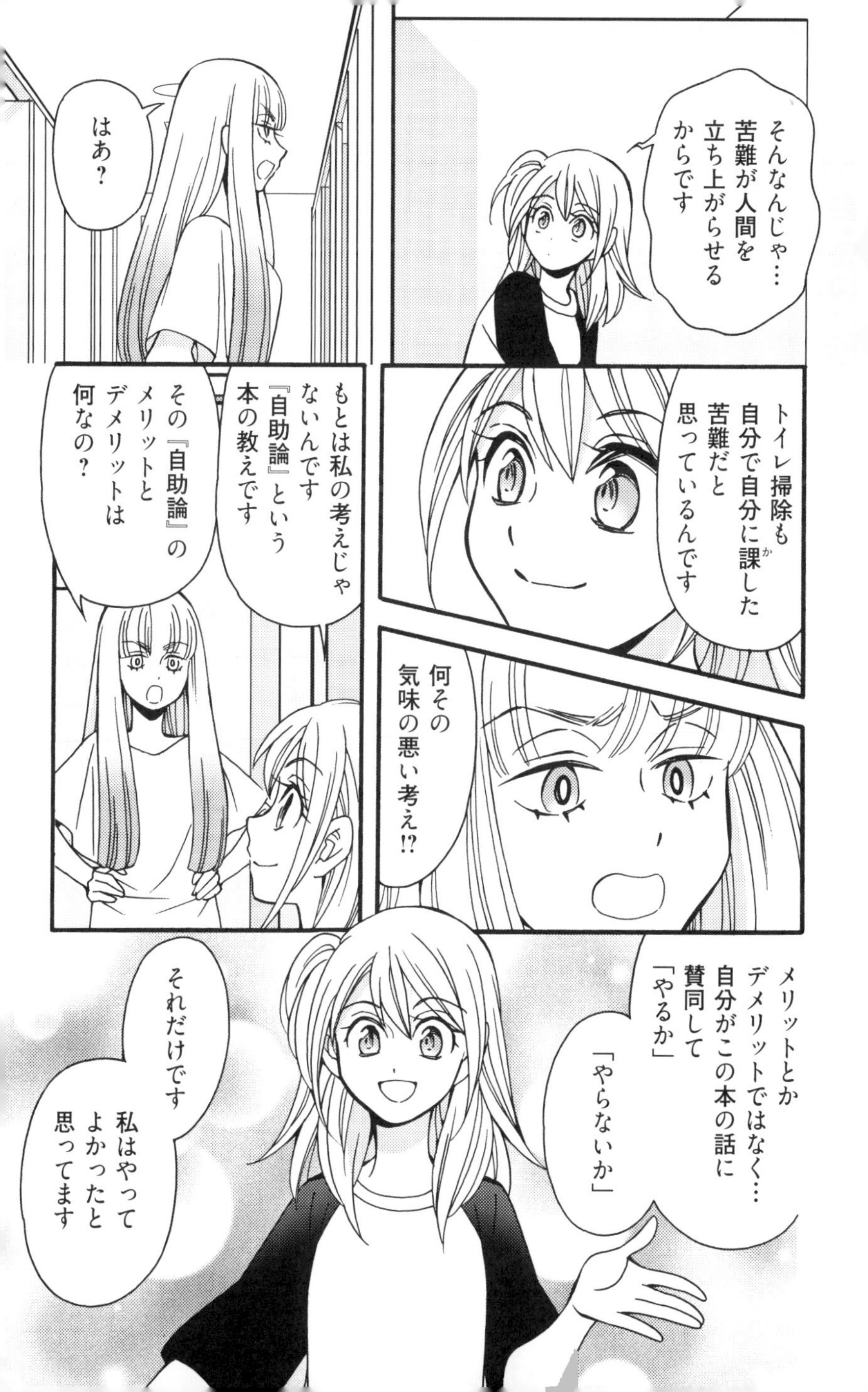
そんなんじゃ…苦難が人間を立ち上がらせるからです
はあ？
トイレ掃除も自分で自分に課《か》した苦難だと思っているんです
何その気味の悪い考え⁉
もとは私の考えじゃないんです『自助論』という本の教えです
その『自助論』のメリットとデメリットは何なの？
メリットとかデメリットではなく…自分がこの本の話に賛同して「やるか」「やらないか」
それだけです
私はやってよかったと思ってます

だってほんの数カ月前までどん底で引っ込み思案だった私が
今ではアイドルのステージのセンターで歌ったり　ダンスをしたりしているんですよ…？
…前々からいおうと思ってたんだけど実花さん
は　はい？
あなた輝いてるよ

別の日
ねえ実花さん あなた『自助論』に詳《くわ》しいんだって？
また…
えっ はい… そうですが何か？
最初に出てくる「天は自ら助くる者を助く」ってさ… どういう意味なの？
昔の言葉で書いてあるからピンとこなくて
それは一生懸命努力をして自分の運命を自分で切り開く…ということだと私は思います
でもさぁ 努力したって誰もがオリンピックに出られるわけじゃないじゃない？
私と同じことを…
でも 自分の運命を切り開くには大きな夢をもって必死で努力する
この方法が一番確実で間違いのない方法なんです
人の助けを待つのでもなく社会が変わることを期待することでもなく…ね

それに嘘くさいんだよなぁ…きれいごとじゃないの？
誤解しないでほしいのはただ単に努力をするんじゃないんですよ…
フフフ…
努力 努力 努力 努力 努力 努力 努力!! そしてさらに努力するんです！
あきらめている暇《ひま》なんかないんですよ!!
ふーん そういうものなの…
それふり回さないで〜！
実花さん トイレ掃除 私たちもやるわっ
私たちだって苦難を受けてやるわよ！
自分の運命を自分で切り開いてトップアイドルになるのよ!!
は はい
MIKASAのメンバーたちも『自助論』に興味をもってくれたらしい

アイドルグループのMIKASAをよろしくお願いします！
遅くなってすみません！私にもチラシください♪
アイリさんたちは私たちのチラシを配って一人ひとりに頭を下げている

パチパチ
なんか今日よかったな
オレもそう思ったーー
パチパチ
ありがとうございましたーっ
だいじょうぶですか!?
実花さん 私 こちらのお客さんを駅まで送っていきますね
じゃあ今日のトイレ掃除は私が代わるね
MIKASAのメンバーも何か変わった気がする…『自助論』に感謝したい

私も歌とダンスにもっと磨きをかけたい
みんなの足を引っぱりたくないから…
商店街のアイドル解散するんだってさ全然人気が出なくてさ
まったく企画倒《だお》れだったらしいよ
えっそうなんですか?
実花ちゃんあっちのオーディションに落ちてよかったよ
MIKASAのほうが全然いいよ

じーっ…
あっ…高城先輩！
起こしてくださいよ
あまり気持ちよさそうに寝ているから声をかけそこなったよ
アイドル活動がんばってるみたいじゃないか？
MIKASAは僕たちの間でも評判だよ
そうなんですか!?高城先輩にそういってもらえると嬉《うれ》しいです…！
これも『自助論』のおかげかな？僕も負けていられないな…
それが…MIKASAのほうは少しずつ手応えを感じているんですが…

学校の勉強のほうが……
…追試で合格点を
取らないと
進級できないって
先生からいわれて……
MIKASAの
活動が忙しいし
もう学校
辞めようかなって……
それは安易な方向に
逃げようとしている
だけなんじゃないのかな？
人間を作るのは
安楽ではなく努力
便利さではなく困難
…『自助論』のこの言葉を
忘れたの？
君は
MIKASAが
少しうまくいって
浮かれている
んじゃないのか？
政治家
チャールズ・
フォックスの
言葉を
思い出して
ほしいな…
ポーー

【最初の成功について】
「ある若者が
ずば抜けた弁舌《べんぜつ》の才でいっぺんに
有名になったという話を聞く。
だが、最初の成功ですっかり
のぼせ上がってしまうかもしれない。
むしろ私は、はじめはつまずいても、
なおかつ努力をつづけていくような
若者に会いたい」
少年時代は劣等生《れっとうせい》でも
聡明《そうめい》な大人に成長した
人物は多いよ
あのニュートンや
ナポレオンも
そうだった
MIKASAのことで
今あせる必要は
全然ないんだよ
学生時代の
ニュートンは
成績はビリから
2番目だった。
あるとき
彼は自分より
頭のいい生徒に
けとばされたが…
勇気をふるって
その生徒にケンカを挑《いど》み、
こてんぱんに
やっつけてしまった。
このときからニュートンは、
ケンカだけでなく
学業面でもその相手に
勝とうと決心し、
猛然《もうぜん》と勉強しはじめ、
ついにはクラスのトップに
躍《おど》り出たという。

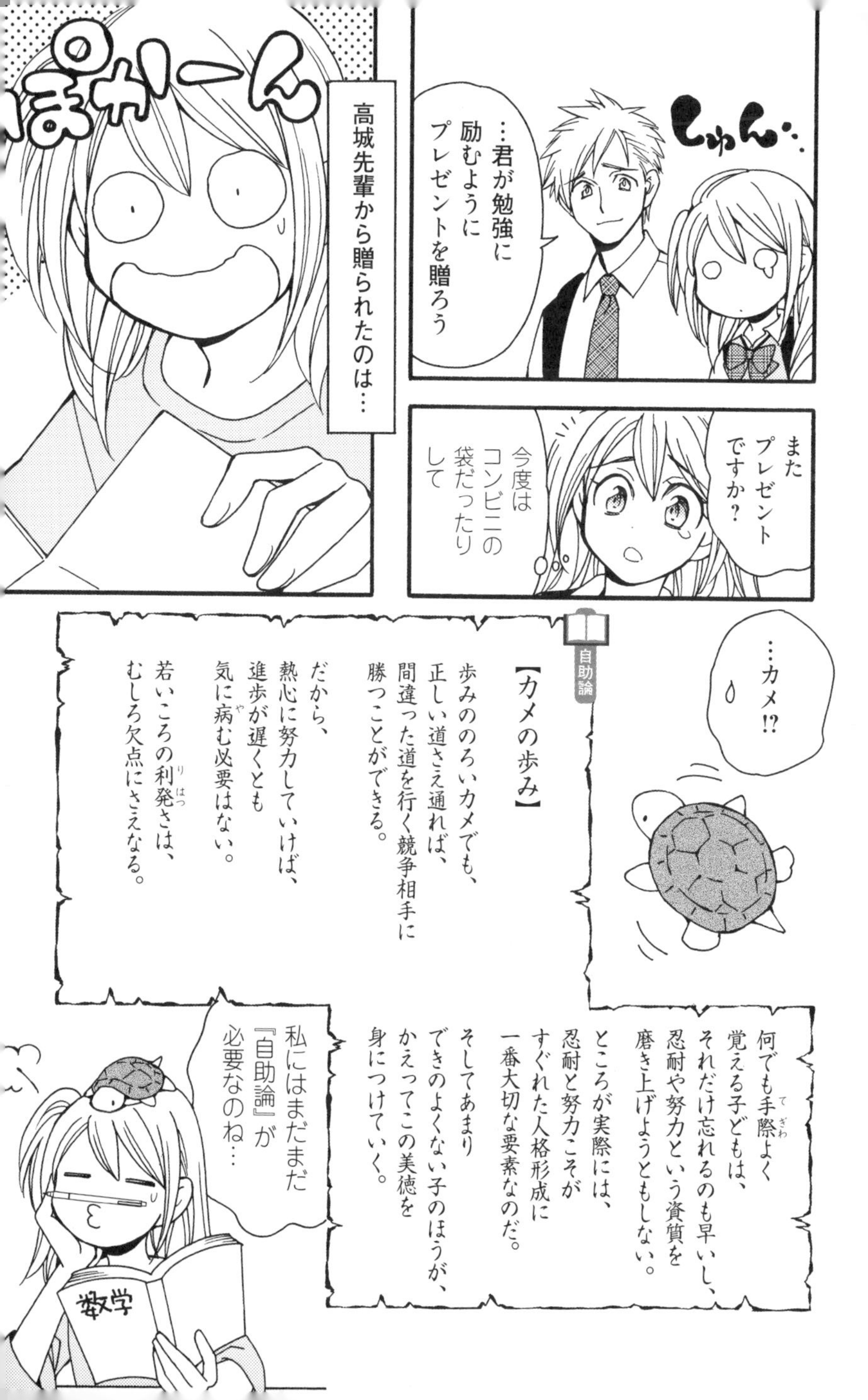
しゅん…

…君が勉強に励むようにプレゼントを贈ろう
またプレゼントですか？

今度はコンビニの袋だったりして
ぽかーん
高城先輩から贈られたのは…

…カメ!?

自助論
【カメの歩み】

歩みののろいカメでも、正しい道さえ通れば、間違った道を行く競争相手に勝つことができる。

だから、熱心に努力していけば、進歩が遅くとも気に病《や》む必要はない。

若いころの利発《りはつ》さは、むしろ欠点にさえなる。

何でも手際《てぎわ》よく覚える子どもは、それだけ忘れるのも早いし、忍耐や努力という資質を磨き上げようともしない。

ところが実際には、忍耐と努力こそがすぐれた人格形成に一番大切な要素なのだ。

そしてあまりできのよくない子のほうが、かえってこの美徳を身につけていく。

私にはまだまだ『自助論』が必要なのね…

数学

解説

Chapter4

ビジネスを制する6つの原則
——いつも最高の成果を生む人の手腕に学ぶ!!

「『自助論』って、芸術家とか政治家とか科学者の話ばっかり書かれている気がするんだけど。庶民《しょみん》からしたら、レベルが高すぎる人の話だし、一般的なビジネスの世界では、役に立たないんじゃない?」

「そんなことない! 『自助論』は、地道な努力で自分の運命を切り開いていこうっていう内容の本でしょ。**特別な才能のある人にしか通用しない話じゃない**よっ!」

「うっ、『自助論』のこととなると、ムキになるね……」

「たとえば**すぐれた芸術家には、ビジネス的な実務能力の高い人が多かった**の。それはなぜかというと、芸術の分野で成功するために必要な能力と、ビジネスに必要な能力が通じ合うものだったから。それに『自助論』には、**ビジネスで成功するためのポイント**も書いてあるのよ」

「そうか……。私たちのアイドル活動も、ひとつのビジネスだよね。『自助論』を参考にして、じゃんじゃん稼がなくちゃ!」

ウィリアム・シェイクスピア
1564〜1616年

イギリスの劇作家・詩人。

エリザベス朝演劇の興隆《こうりゅう》するロンドンの劇壇《げきだん》に進出し、俳優として役を演じるかたわら戯曲《ぎきょく》を書く。劇団の経営者ともなって業績を上げた。
ドラマティックなストーリーと深い人間洞察《どうさつ》の盛り込まれた彼の作品は、今もなお上演されつづけ、好評を博している。
代表作『ハムレット』『マクベス』など。

▲シェイクスピアは、書斎《しょさい》で戯曲を書くだけの劇作家ではなく、人気劇団を経営する精力的な実務家でもあった。

❖天才たちはみな、この「実務能力」を生かしている！

『自助論』で紹介されている人物の多くは、ニュートンをはじめとする科学者たちや、ミケランジェロなどの芸術家たちです。

彼らの活躍した分野は、一般人からすると縁遠《えんどお》い世界のようにも思われます。しかしそれらの天才たちの多くは、**生活のための現実的な仕事にも真摯《しんし》に取り組み、コツコツと成果を上げていた**のです。

たとえば歴史上おそらく最も有名な劇作家である**ウィリアム・シェイクスピア**（１５６４〜１６１６年）は、劇場の経営で財産を築きました。イギリスの大詩人**ジェフリー・チョーサー**（１３４３(?)〜１４００年）は公務員として有能ぶりを発揮したといいますし、あのニュートンも造幣局《ぞうへいきょく》で働いて貨幣《かへい》の鋳造《ちゅうぞう》を指揮していました。こういった例は、ほかにも数多く『自助論』の中に挙げられています。

なぜ彼らは、自分の専門分野だけでなく、ビジネスの分野でも成功を収めることができたのでしょうか？

それは、**学術や芸術を極めるために必要な能力と、ビジネスに求められる能力が、根本的には同じもの**だからです。**天才たちの事例から読み取れる成功の秘訣は、ビジネスに応用することも可能**なのです。

スマイルズは学術・芸術分野の天才たちのほか、実業界の成功者たちについても取材しました。その結果、彼らに共通する、**ビジネスを成功に導くための最重要ポイント**を６つ発見したのです。**あらゆる職業で成功するのに有効だった鉄則**をご紹介しましょう。

❖これがビジネスの６原則だ！

①勤勉さ
②注意力（観察力・気づき）
③正確さ
④手際のよさ
⑤迅速さ
⑥時間厳守

まずは①の**勤勉さ**。これは『自助論』という本全体のテーマですね。ときに回り道のように思われたとしても、**頭を使って熱心に努力していくことが必要**なのです。

▲『自助論』の説く内容は、さまざまな種類のビジネスに生かすことができる。

その地道な実践の中で、**ささいなことにも注意を向ける**ように心がけると（②）、仕事のスキルが進歩します。また、物事を観察するときや人前で話すとき、事務処理を行うときなどは、**正確さ**を大事にしましょう（③）。**他人はあなたの実力を、正確さで判断します。**正確な作業ができず、仕事をいい加減にしかこなせない人間だと見なされてしまうと、信頼を得ることが難しくなります。

多くの仕事を粗《あら》くいい加減にすませるよりは、少なくても丁寧に仕上げるほうがマシなものですが、やはり多くの仕事をてきぱきスピーディーにこなす**手際のよさ**は身につけたいところです（④）。

仕事の「量」と「質」を両立させるコツはないのでしょうか？　それには、**一度にひと**

つしか仕事をしないことです。そして、**いったんひとつの仕事に着手したら、やりかけのまま放置せず、確実に最後までやりとげる**こと。シンプル・イズ・ベストです。

❖「時間」を制する者はビジネスを制す！

③**正確さ**と④**手際のよさ**が両立したとき、仕事にスピードが生まれます。これが⑤の**迅速さ**です。

『自助論』には、驚異《きょうい》的なスピードで仕事をさっさと終わらせ、あいた時間は自由に遊ぶという、理想的な生活を送っていた大臣の話が出てきます。彼の迅速な事務処理の秘訣は、**「今日なすべきことを明日に延《の》ばすな」**だったそうです。仕事は後回しにすればするほど、余計に時間がかかるようになるものです。そのつど目の前で終わらせていけば、時間にも余裕が生まれます。

スマイルズは**「時は金以上なり」**と述べています。何をするにも時間が必要で、しかも人間の一生の時間はかぎられていますから、何よりも時間を大事にしなければいけません。そして、時間の価値を正しく理解すれば、**時間厳守**の鉄則を守ることができます（⑥）。

約束の時間を守らない人間は、相手の時間まで不当に浪費しており、それは相手の信頼に背《そむ》く行為でもあります。

信用や人間関係、そして次の仕事のチャンスを失わないためにも、時間はきちんとコントロールしたいものです。

Chapter 5

人としての「品格」と「器量」を磨く法

——誇りをもてる生き方を目指して

福祉事務
生活保護ですか？
お宅さまの状況ですと難しいかもしれませんねぇ
そんな…！何でまた!?
うーん…どうして仕事ができないんですか？
なかなか自分に合う仕事が見つからないんですよ！
世の中不景気だし消費税だって増税するし
政治が悪いんだ!!
奥さんと高校生の娘さんを働かせているんでしょう？そんなこといってる場合じゃないですよ
なななんだよおまえ偉そうに！
おまえらなんか俺たちが払う税金で喰《く》わせてもらってるくせに！

畜生《ちくしょう》！
お客さん ほかのお客さんに 迷惑なので…
なんだ コノヤロー！
コトン
私のおごりです どうぞ
……
——社長さん ですか？
パソコン教室
代表取締役 宇治木 剛
立ち上げたばかりの 小さい会社ですけど…

すみません お騒《さわ》がせして… 生活保護の相談に 行ったら 説教されて カーッときて…
いやいや つらいですよね 私もその気持ちは わかります
でも…
生活保護のような 社会保障制度を どんなに手厚くしても 私たち一人ひとりが 変わろうとしなければ まったく意味が ないんですよね
政治が悪いから 国民が不幸に なっているんじゃ ないんですか？
いいえ 立派な国民がいれば 政治も 立派なものになり 国民が無知なままで よくない生活を していたら 劣悪な政治が 幅をきかせます
怠惰とエゴイズム 悪徳が 国民の間に はびこれば 社会は荒廃する… だから いくら法律の力を 借りて この社会悪を 根絶《こんぜつ》しようとしても それはまた 別の形をとって はびこっていくに ちがいない…

われわれ一人ひとりが勤勉に働き活力と正直な心をもつよう努力してはじめてこのような社会悪はなくなるんだと思いますよ
お若いのに立派な考えをおもちなんですね…
うけうりですよ
いえ 私も人に教えられたんですよ しかも私よりもさらに若い この人にね！
私は事業に失敗して自殺しようと考えていたんです…
実花
MIKA
こ これは…!?
そのとき出会ったのがMIKASAのリーダーの実花さんなんです
実花さんが 私に『自助論』を教えてくれたおかげで再び起業する勇気がもてたんですよ

実花がそんなことを…
呼び捨てじゃなく「実花さん」って呼んでもらいたいなぁ 彼女はまだ17歳だけど立派な考えをもっているんですよ
でも名前を知っているってことはひょっとしてMIKASAのファン？ うれしいなあ もう1杯おごりますよ
……
MIKASAをよろしくお願いします
お願いしまーす

俺は今まで何をやってたんだ…
人に頭を下げるのがイヤで仕事をえり好みしていたのに
あの子はあんなに熱心に頭を下げている――
こんばんはー

あっ 実花ちゃん
今日からうちで働かなくてもいいよ
えっ 私 クビですか!!??
いや 実花ちゃんの代わりに働きたいって人がきたんだよ
いらっしゃいませ
お お父さん…!?
ここで働いて生活費は稼ぐから実花ちゃんにはMIKASAと学校に集中してほしいんだってさ

失業して荒れていた
お父さんが…
お父さんが働いて
家計を支えてくれれば
もっとがんばれると思う
ワアッ
今までの
地道な努力が
ようやく実ってきた
気がする…！

MIKASA様 控室
おつかれさまー
――昨日ね ユキナを 見かけたの でも 話しかけたら 逃げられちゃって…
ユキナが？
そのとき 見たん だけどさあ… 手首に 傷があったの！
リストカットぉ!? まさかあの子 そんなことする キャラだった!?
ユキナさんは MIKASAの 前のリーダー 小春さんに反抗的な 態度をとって MIKASAを クビになったらしい
ユキナってさあ 性格きつかった よね？
そうそう ちょっとでも 気に入らないと 怒鳴《どな》ってさ…
話しかけても 時々 無視してたし
感じ悪いよねぇ 私 何度も 無視されたよ！

今だからいうけど 私 ユキナのこと 嫌いだった
私も！
……
ピロリーン
メール…
From : アイリ
ユキナからこんなメールが !!
FW :
実花のせいで
私は死ぬのよ

え!? 私のせいで
死…!?
ピロリロ♪
はい もしもし
アイリさん?
実花 大変よ!
ユキナが ビルの屋上から 飛び降りようと しているの!
え――――っ!?
ガヤガヤ…
アイリさん!
ほら アレよ!

あの人がユキナさん？
そうよ！リストカットの跡《あと》があったからいやな予感がしていたのよ
みなさん危ないですから下がってください！
ユキナさん私が実花よ！
待って！
今そっちに行くから！
おい君！
実花！

何だ君は！入ってきちゃダメだ！
私あの子の知り合いです
私に話をさせてください！
こんなことになったのは私が原因なんです
くれぐれも興奮させることはいわないでくれよ
ユキナさんどうしてこんなこと…
あなたがアイドルの夢を奪《うば》ったから死ぬの！
私には歌しかないのに!!
死ぬことなんてない！
ユキナさんならMIKASAでなくても活躍できるよ!!

気休めはやめて！私にかまわないで!!
そんなことできないよ！
どうして私を助けようとするの？
あなたは幸せなんだからそれでいいでしょう？
違うわ！「**人間の品格**」が問われているのよ
…人間の品格？
そう 自分を大事にして同時に他人も尊重《そんちょう》するの
立派な人格は一生の宝なのよ…！
自分を大事にして他人も尊重する…
あの子の母親がきました！

ユキナ！
何やってるの早くこっちにきなさい！
何しにきたのよ！
こないで！
飛び降りるわよ!!
あの子は生まれつき片方の耳が聞こえないんです
もっと近くで呼びかけないと！
ユキナさんは片方の耳が聞こえなかったのか…
話しかけても時々無視してたし
感じ悪いよねぇ私何度も無視されたよ！
きっとみんなはユキナさんの片方の耳が聞こえないことを知らないんだ

フラッ
キャーー
何とかしなくちゃ…

どうしたら…?

そうだ『自助論』!

困ったときは『自助論』が助けてくれた…!!

ユキナさん!『自助論』にはこんな話があるの…

詩人のラモットは雑踏《ざっとう》で若者の足を踏《ふ》んでしまってその若者に殴《なぐ》られたの
そのときラモットはこういったそうよ…

「あなたはいつか自分のしたことを後悔するに違いありません私の目が不自由なことに気づいたのなら」

…と

ユキナさん あなたを今まで傷つけてきた人は この若者と同じ… きっと将来 後悔するはずよ
…私はずっと孤独だった――
私は 生まれつき片方の耳が 聞こえなくて 話しかけられても 聞こえないときが 時々あった
そんなつもりはないのに 「無視された」 って責められた
わけを話すと 変に特別扱いされ 仲間はずれにされた
それ以来 耳のことを 人に話したりせず 弱みを知られないよう 強気にふるまった
友達を恨《うら》んだ
こんなふうに生んだ お母さんを恨んだ
私が こうなったのは みんなのせいよ…！

私を傷つけた人が後悔するからなんだっていうの!?

私の苦しみは消えないわ!

許してあげて!

ユキナ
あなたのこと誤解していてごめん!

ごめんねユキナ!

ユキナ死んじゃイヤだよ!!

ユキナの歌をまた聴かせてよ…!!

許せって…?

ひどい目にあわされたのに!

そうよ!許すことで何かを失うような気がするけどその代わり素晴らしいものが手に入るの!

それは「人間の器量」よ!

人間の器量…

今そっちに行くから…
私の手につかまって！
……

やった！
パチパチ
パチパチ
よかった無事で…
キッ
バ
キャーッ!!

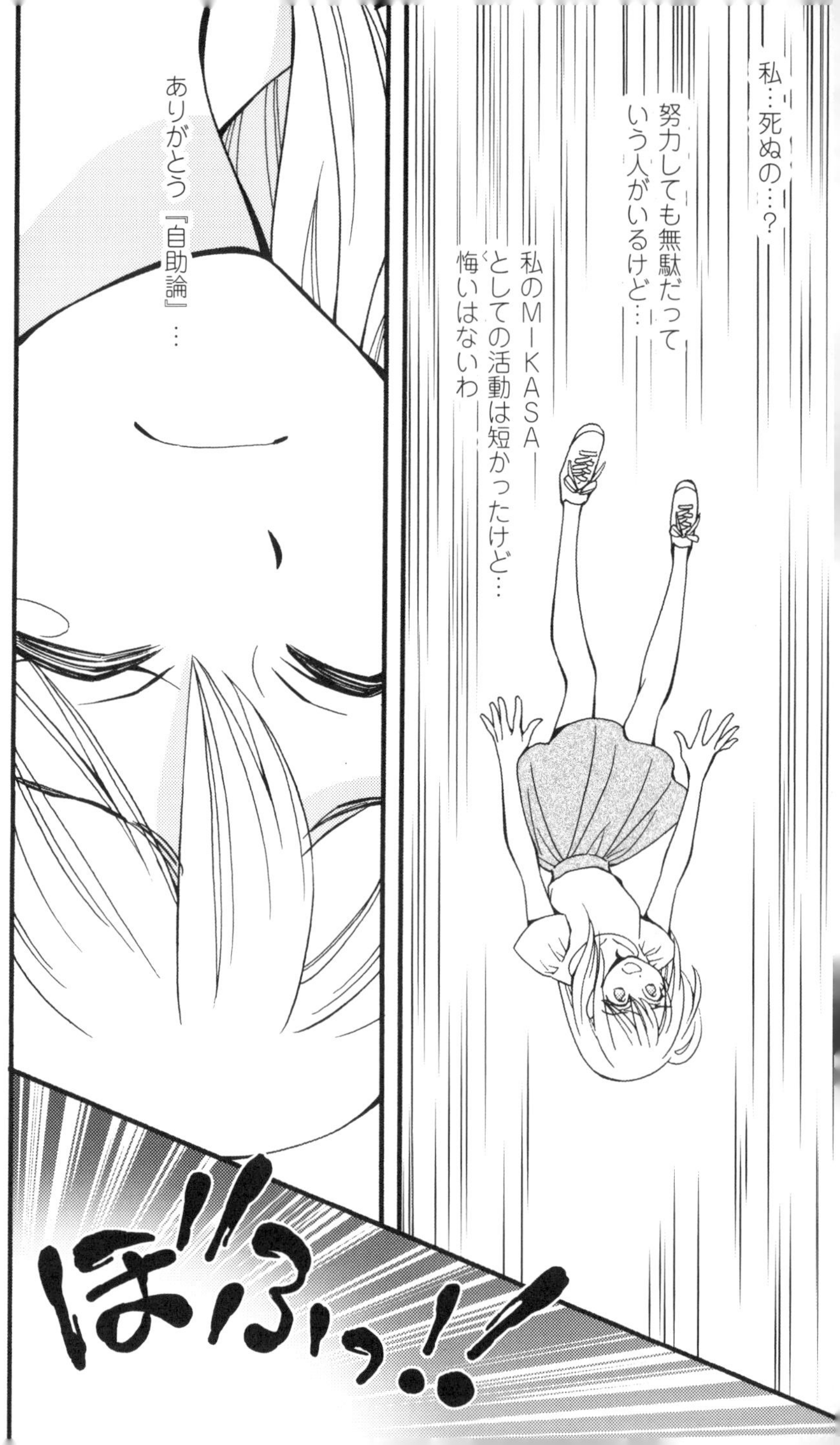
私…死ぬの…？
努力しても無駄だって
いう人がいるけど…
私のMIKASA
としての活動は短かったけど…
悔いはないわ
ありがとう『自助論』…
ぼふっ!!

アスファルトって
こんなに柔らかいの…!?
ん…
よかった
目を
覚ましたぁ!
実花!
心配したん
だから!!
もう
大丈夫
だからね!
私
生きてるんだ…
みんな
ありがとう…

どん底からだって抜け出せる！
——「いざというとき」に困らない絶対的な力

「私たち『自助論』を極めたら、どれだけお金持ちになれるかな？」

「ちょっと待って。たしかにお金は大事なんだけど、人生の第一目的にしないほうがいいかもね」

「えっ？　何いってるの？　前の章で『倹約しろ』っていってたじゃない？」

「あのね……。お金がないと生活が安定しないし、社会の中で生きていけないから、お金は大事にしなくちゃいけない、そのことは間違いない。でもお金って、どれだけ多くもっているかより、それに対する態度が重要なのよ。つまり、**お金を稼いだり使ったりするときには、節度をもたなきゃいけない**の」

「節度ねえ……」

「『自助論』には成功者の話がたくさん出てくるけど、お金のことしか考えなかったような人はいないでしょう？　**お金よりもまず、自分の人格を磨くことのほうが大事**なのよ」

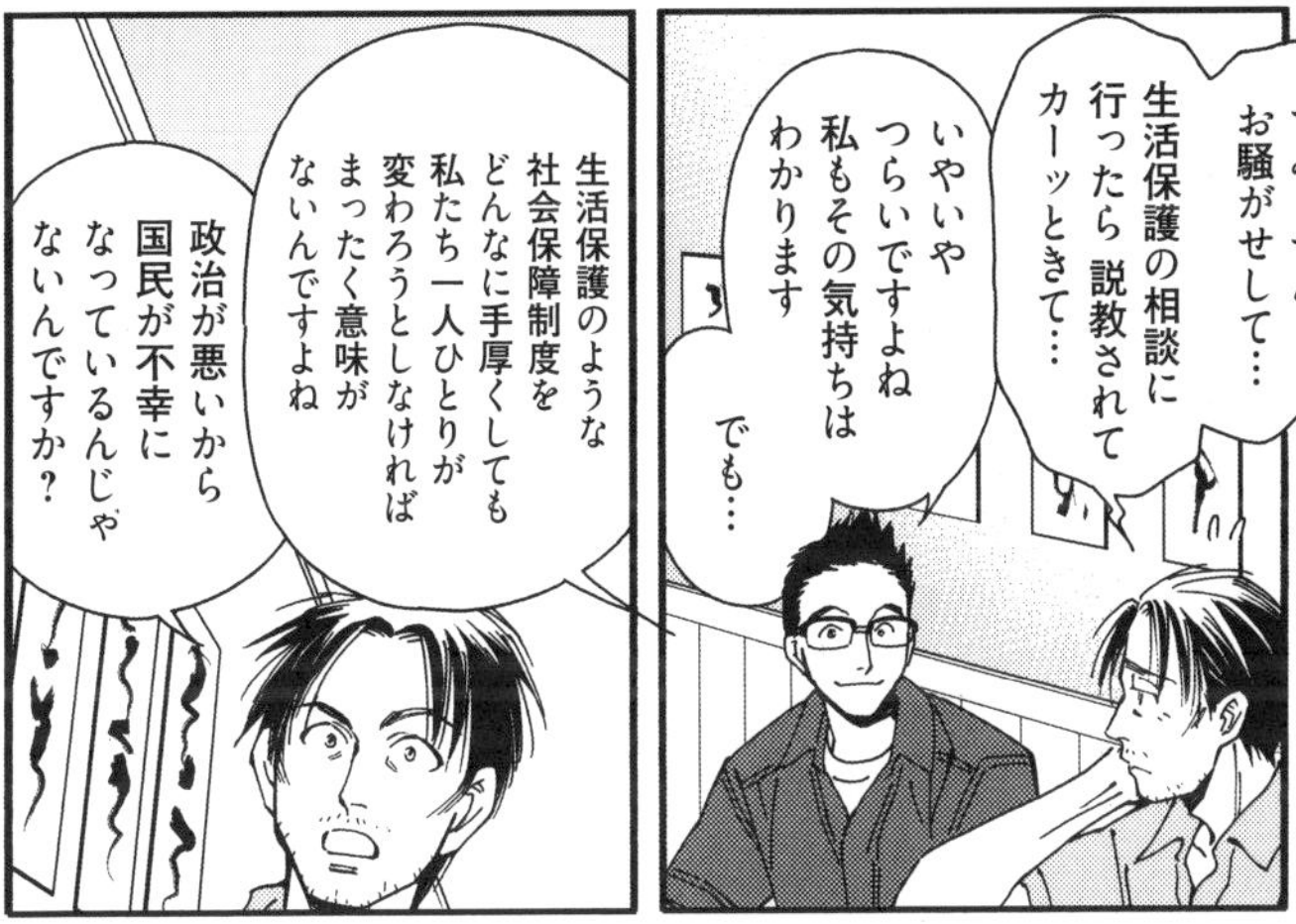

▲生活保護などの制度は社会にとって必要なものだが、「自分にできること」がないか探すのも大事なことだ。

❖現代の社会に『自助論』はどう生かせるか？

『自助論』のテーマが、「ほかの人や社会に頼らずに、自分の人生は自分で切り開こう」というものであることは、もうすっかりおわかりだと思います。

この考え方はある意味、著者スマイルズの生きたヴィクトリア朝時代のイギリスの社会情勢を反映したものです。

当時のイギリスは、経済活動を民間に委《ゆだ》ねる自由放任主義の政策をとり、国民の生活に対する政府の介入をできるだけ小さくしようとしていました。そしてその時代には、この政策が非常にうまくいき、イギリスはたいへん繁栄したのです。

じつは現在では、純粋な自由放任主義の政策をとっている国は多くありません。

どのような社会にも、自分自身のせいではなくハンディキャップを負ったり、不幸な目にあったりしている人がいます。そのような人たちの生活を保障することも、社会の重要な役割です。これが「福祉《ふくし》」というものの基本的な考え方です。

完全な自由放任主義では、社会的に弱い立場に置かれてしまった人たちを救うことはできません。ですから現在の多くの国は、**自由放任主義的な政策と福祉の政策を両立させ、バランスをとる**ようにしています。

現代の私たちが『自助論』を読むときには、**「自分自身の人生のためのもの」**と考えて読むのがよいでしょう。不幸な立場にある人に対して、「努力が足りないから、そうなっているんだ」などと決めつけるのは、よいことではありません。

❖「人のせい」「社会のせい」にしない生き方とは？

それでも、**万が一あなたが不幸な状況に陥ったとき、『自助論』の考え方によってそこから抜け出せる**ということも知っておきましょう。

もしも自分の人生がうまくいっていないと感じたとしたら、あなたはどうしますか？

「自分の不幸は社会のせいだ」「こんな社会だから私は幸福になれないんだ」という人がいます。もちろん、そういう人たちの主張にも一理あるのでしょう。

ソクラテス
前469(?)〜前399(?)年

古代ギリシャの哲学者。

青年たちに「よい生き方」を説いていたが、国家に逆らったとされ、死刑判決を受けた。
その判決を受け入れ、最後は自ら毒を飲んで死ぬ。

世界を動かそうと思ったら
まず自分自身を動かせ

▲ソクラテスは、社会の状態などに左右されない「真理」を求める哲学者だった。その精神は『自助論』の考え方にも通じる。

しかし、社会が悪いからといって、自分が幸せになることをあきらめてしまってよいのでしょうか？

「人のせい」「社会のせい」にしているうちに、時間ばかりがすぎていきます。そうやって自分の大事な人生を棒に振ってしまうのは、あまりにもったいなくはないでしょうか。

そういう状況でこそ、『自助論』の「天は自ら助くる者を助く」という言葉を、あなた自身のために役立てて、自分から行動を起こすきっかけにしてください。

古代ギリシャの哲学者**ソクラテス**（前469(?)〜前399(?)年）は、**「世界を動かそうと思ったら、まず自分自身を動かせ」**と語っています。

自分が変わってこそ、まわりの世界も変わっていくのです。

❖この4つのポイントで道は必ず開ける！

たとえば、経済的に苦しい生活を送っている人が、そこから抜け出すにはいったいどうすればよいのでしょうか？

イギリスの自由主義の政治家**ジョン・ブライト**（1811〜1889年）は、確実な方法として次の4つを挙げています。

①勤勉
②倹約
③節制
④誠実

これらの精神は、ここまで『自助論』を読んできた私たちにはうなずけるものです。

『自助論』は**「将来の利益のために現在の楽しみを我慢《がまん》する」**という**克己《こっき》の精神**を説きます。その精神をもって暮らしていれば、少しずつでも蓄えができて、生活も充実してくるでしょう。

しかし、克己の精神が私たちの人生にもたらしてくれるものは、それだけではありません。

克己心はその人の人格を磨き上げてくれます。**怠けず、無駄遣いをせず、楽しみにおぼれず、嘘をつかない人**は、周囲の人から尊敬されるに値する、立派な**「品格」**と**「器量」**をもっているといえるでしょう。

すぐれた人格は、一生あなたを助けてくれる宝物です。『自助論』は読者に、**正しい習慣をもって暮らし、すぐれた人格を身につけること**をすすめています。

Epilogue

夢を叶えてその先へ！

――幸せの青い鳥は『自助論』の中にいた！

みんな――
ありがとう!!
ワアアッ

ワアァア
うんうん
だれだコイツ・・・

――今日はみなさんにご報告があります
私たちMIKASAに新しい仲間が加わりました…
MIKASAの新メンバーユキナです よろしくお願いします!
ユキナです!
あれから数カ月がたちユキナさんが再びMIKASAに加わった
おかえりー!

うまくいかないことを他人のせいにしていた以前のユキナさんではなく
自分の目的に向かって地道に努力をするユキナさんに生まれ変わっていた…
――またみんなと同じステージに立てるなんて夢みたい…

自分が立ち直れたのも実花やMIKASAのメンバーのおかげです
これからみんなに恩返しができるようがんばりますのでどうかよろしくお願いします……！
こちらこそだよー！
よかったユキナ～!!

ぐすっ
ウォータープルーフの
マスカラで
よかったわ♥
これで
MIKASAも
ユニットとして
完成したわね！
ちょうどいい
タイミングで
みんなに
すごい知らせが
あるのよ
ゴホン
えー…
MIKASAは
わが
ZZZグループの
イメージ
キャラクター
として
テレビCMに
出演することが
決定しました！
CMって
私たち
テレビに
出られるの!?
やったー!!

どん底で
引っ込み思案だった
自分が
みんなから慕《した》われる
アイドルの
リーダーになった
とはいえMIKASAは
まだ志《こころざし》半《なか》ばの状態…
これからもっともっと
努力をしなければ
どんな困難があっても
くじけてはいけない…
私は
『自助論』の教えを
胸に刻みながら
努力をつづけていこう
ん?
あの
社長
お給料は
上がりますか…!?
たくましく
なったわね
あなた…

解説
Epilogue

『自助論』の実践で、悩みは消える！
——人望・人格の力は一生通用する最高の宝だ！

❖『自助論』で自分自身をマネジメントする！

イギリスで『自助論』が出版されてから、すでに150年以上がたっています。「そんな古い考え方は、もはや現代に通用しないのでは？」と思う方もいるかもしれません。

しかし、人類が長い年月に積み上げてきた数々の経験は、時代とともに朽《く》ちはててしまうものではありません。歴史上の偉人や著名人の成功談、そして著者スマイルズの豊富な経験が盛り込まれた『自助論』は、私たち現代人にとって貴重な宝です。

そして興味深いことに、そこに説かれる考え方は、**現代活用されている理論にもピッタリと一致**するのです。

企業などの経営管理の分野のマネジメントサイクル（経営における基本的な手順のサイクル）として、**「PDCAサイクル」**というものがあります。

Pは**PLAN（計画）**、Dは**DO（実行）**、Cは**CHECK（測定・評価）**、Aは**ACT（対策・**

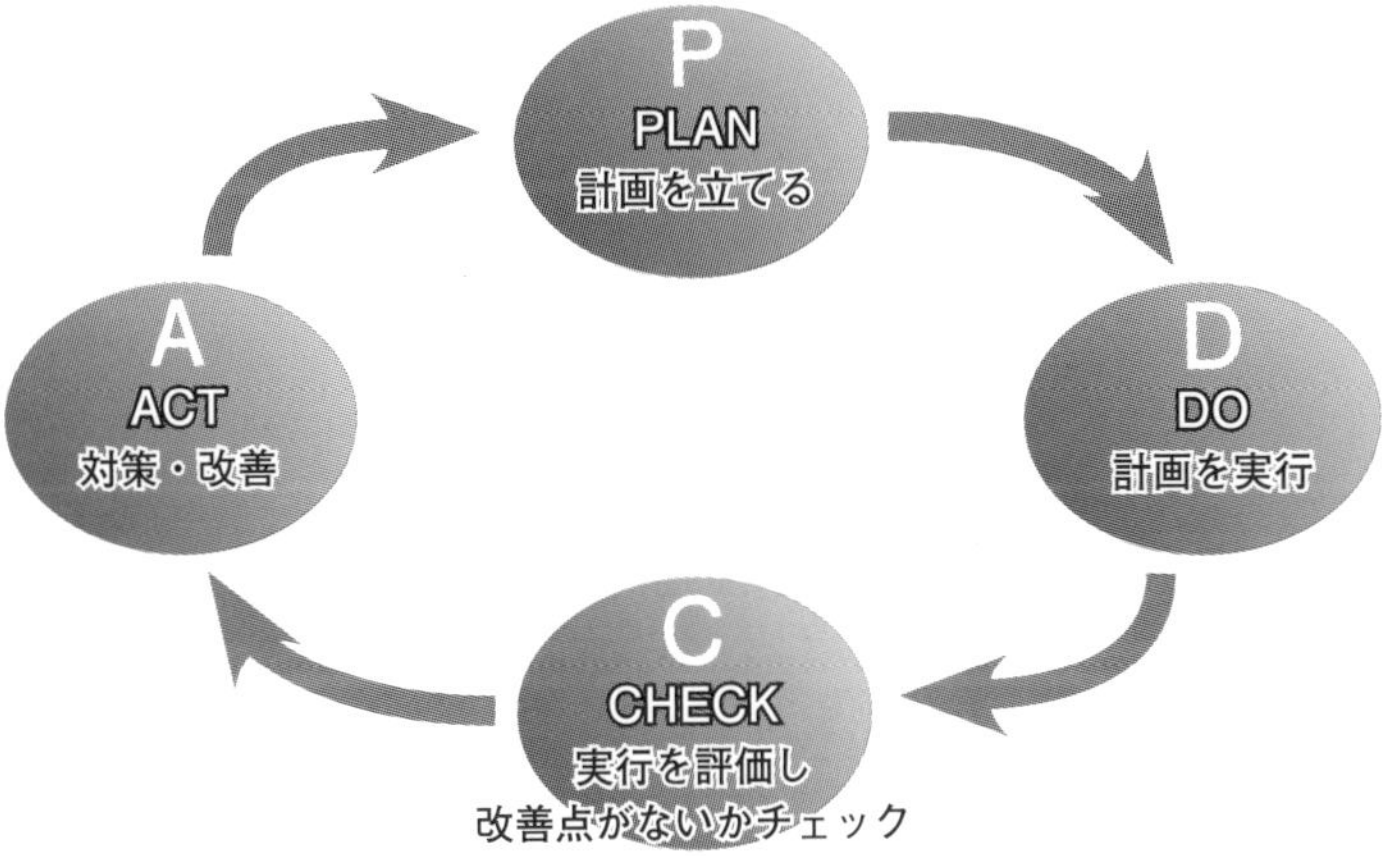

▲ＰＤＣＡサイクル。企業の経営管理だけでなく、人間のあらゆる仕事や人生にも応用できる考え方である。『自助論』の思想はこのサイクルと通じ合う。

改善）です。企業は、**「計画→実行→実行したことへの評価→評価を踏《ふ》まえた改善」というサイクル**をくり返して、利益を追求していきます。

『自助論』の考え方は、このＰＤＣＡサイクルに見事に当てはまります。

ＰＬＡＮ＝意志の力
ＤＯ＝努力の積み重ね、実務能力
ＣＨＥＣＫ＝ささいな変化に気づく注意力
ＡＣＴ＝不屈の精神、さらなる努力

さて、ＰＤＣＡサイクルの目的は、企業が利益を得ることです。それに対して『自助論』は、**私たち一人ひとりが利益を得ること**を目的としています。

しかし、私たち一人ひとりにとっての、真の「利益」とはいったい何でしょうか？

『自助論』の最終的な目標は、**人間としての幸せを手に入れること**です。それは、単にお金を得ることだけではありません。**品位をもった、他人から尊敬される人間性**を構築《こうちく》することです。

❖『自助論』を極めるとどんな悩みもスカッと消える！

いくら多くのお金を持っていても、それだけで幸せは手に入りません。人間が本当に望むものは、じつはお金ではないからです。

近年、**アドラー心理学**が注目を集めています。オーストリアの心理学者**アルフレッド・アドラー**（1870〜1937年）が20世紀初頭に提唱《ていしょう》した心理学です。アドラー心理学では、次のようなことがいわれます。

「人間のすべての悩みは、人間関係にある」

人間は、ひとりで生きているのではなく、「人と人の間」で生きています。だからこそ、ある人に何か心理的な問題があったとき、その原因は他人との関係にあるのではないかと考えるわけです。

あなたが今悩んでいることは、どんなことですか？

その悩みは、人間関係に起《き》因《いん》するものではないでしょうか？

たとえばこの本の実花は、「アイドルになりたい」という目標を掲げました。彼女は、なぜそのような目標をもったのでしょうか？

アルフレッド・アドラー
1870～1937年

オーストリア出身の精神科医・心理学者・社会理論家。

フロイトやユングと並ぶ心理学・精神分析学の理論家。
アドラー心理学の基本的な考え方は、「人は過去の原因によって動かされるのではなく、現在の目的によって動かされている」というものである。

▲アドラー心理学では、人間の悩みは人間関係の悩みに尽きるということになる。『自助論』の考え方を実践すれば、人間関係の悩みも解決できる。

多くの人から認められたい、愛されたいと思う気持ちを抱《かか》えていたからではないでしょうか。そしてその気持ちの裏には、「今の人間関係がうまくいっていない」という問題があったのではないでしょうか。

『自助論』が説くのは、**目標を掲げて努力を積み重ねることにより、人間としての品位を育《はぐく》むこと**です。

人間としての品位を身につけられれば、他人からの評価に一喜《いっき》一憂《いちゆう》することはなくなります。**人間関係の悩みにとらわれなくてすむようになる**のです。

そして、品位ある人は、自然と周囲の人たちからの尊敬も集めるようになります。ただし、「尊敬されるために『自助論』の教えを実践する」というふうに考えるのは不純ですが……。

❖「自己実現の欲求」が人生の最高目標か？

もうひとつ心理学を例にして、『自助論』の目指す生き方を説明します。

人間にはさまざまな欲求がありますが、アメリカの心理学者**アブラハム・マズロー**（１９０８～１９７０年）は、欲求を５つに分類しています。

①**生理的欲求**　生命維持のための食事、睡眠などの欲求。

②**安全の欲求**　経済的安定性、よい健康状態の維持、よい暮らしの水準、事故防止などの欲求。

③**社会的欲求**　誰かに必要とされたいという欲求。集団に属したくなったり、仲間が欲しいと思ったりする。愛の欲求もこれに入る。

④**承認の欲求**　自分が所属する集団から価値ある存在と認められたい、尊敬されたいという欲求。

⑤**自己実現の欲求**　自分のもつ能力や可能性を最大に活用し、自分が目指すものになりたいという欲求。

それぞれの欲求は、**ピラミッドのように構造化**されます。**生物として命を維持するための①の欲求から、人間的な⑤の欲求に向けて、次第に高次元のものになっていく**ということです。

これが**マズローの欲求５段階説**です。

「社会的欲求」が満たされないと、孤独感や社

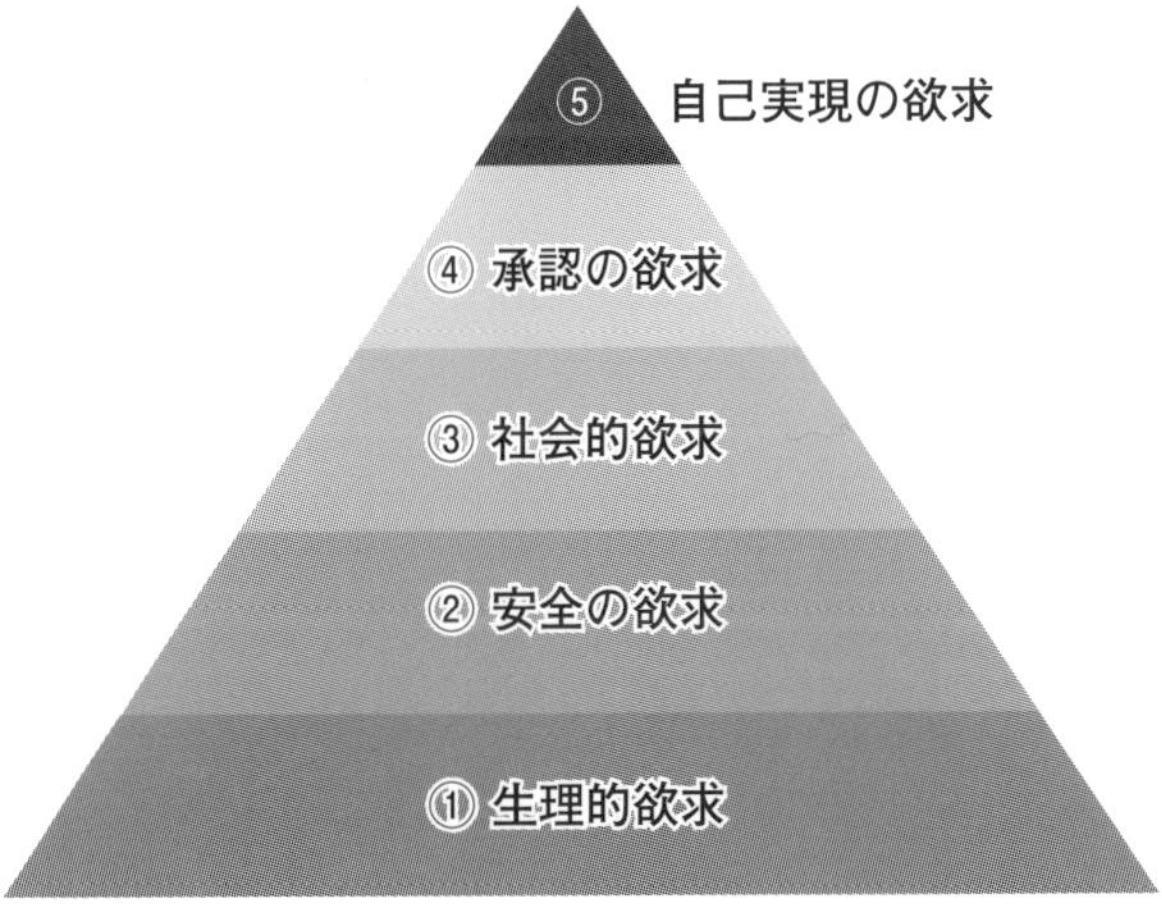

▲マズローの欲求５段階説の図。人間の欲求はピラミッドのように階層化されている。

会的不安を感じやすくなります。また、「承認の欲求」が満たされないと、劣等感や無力感という感情が生まれます。

『自助論』が目指すのは、⑤の「自己実現の欲求」を満たすことです。

高い目標を掲げたとき、自分が望むものを手にすることができる人は、現実的にはごく一部かもしれません。それでも、**チャレンジすることによって得られる満足感があり、それが人生の喜びにつながっていく**というのが、『自助論』の真の主張なのです。

❖人から尊敬される生き方はこうして手に入れる！

現在、社会保障制度も整った日本で暮らし、身の安全を確保するという基本的な欲求を満たすことができている多くの人は、何を望んでいるのでしょうか。

「価値のある人物だと認められたい」「人格を尊重してもらいたい」といった、人間としての**承認の欲求を強くもっている**のではないでしょうか。

じつは、**『自助論』に学んで、人間としての品位を保つ生き方をすれば、そうした承認の欲求は簡単に満たすことができる**のです。

目標を定め、それに向かって努力をつづける姿は、周囲の人たちから尊敬や称賛を受けるでしょう。あなたの承認の欲求は、次第に満たされていきます。

人間の悩みがすべて人間関係にあるのだとしたら、『自助論』の考え方を実践すれば、あなたの悩みはすべて消せるのです！

❖さらなる努力で ピラミッドの頂点を超える!!

マズローは晩年、欲求5段階説にもうひとつの欲求をつけ加えました。

自己実現のさらに上に、**「自己超越《じこちょうえつ》の欲求」**を追加したのです。

自己超越の欲求とは、**目的の達成だけを純粋《じゅんすい》に求め、自分自身のエゴを消し去る**ことです。

目的に向かって純粋に没頭するとき、「私は○○が欲しい」「私は人から○○してもらいたい」というような見返りを求める欲求は消え去り、**小さな自分を超越する**ことができます。

『自助論』に登場する、偉業をなしとげた人物

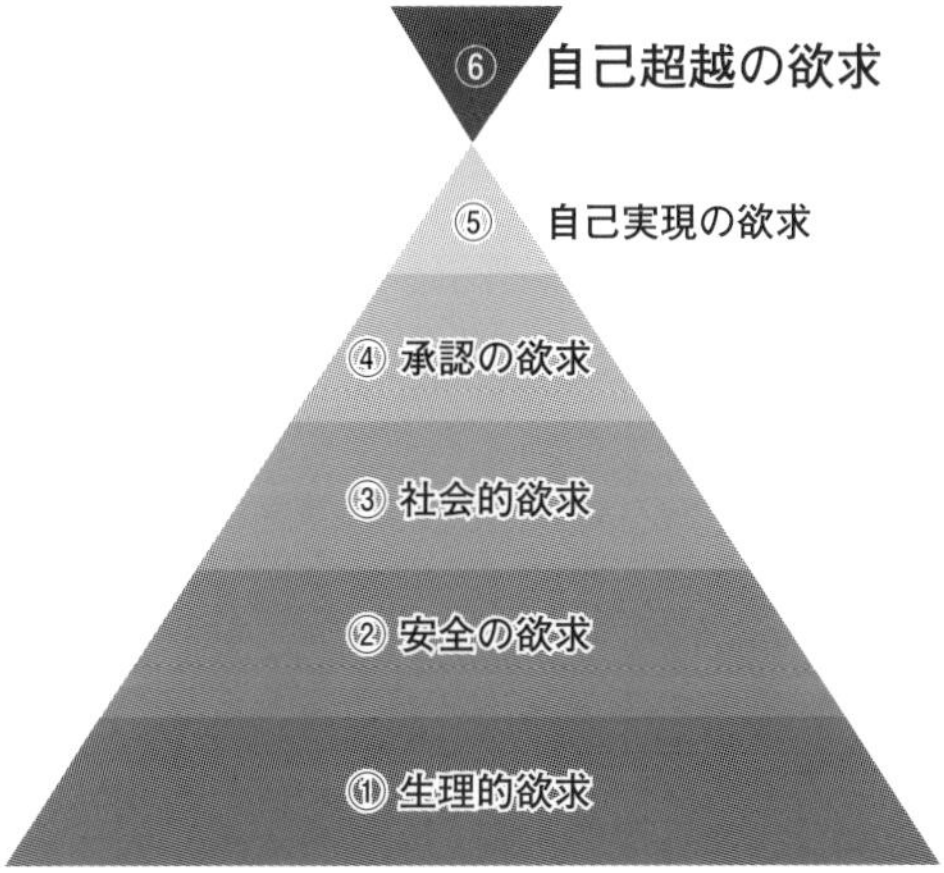
⑥ 自己超越の欲求
⑤ 自己実現の欲求
④ 承認の欲求
③ 社会的欲求
② 安全の欲求
① 生理的欲求

▲⑤自己実現の欲求の上に、⑥自己超越の欲求が生じる。①～⑤は利己的欲求だが、⑥は利他的な欲求であるとされる。

たちは、おそらくこの境地《きょうち》に達していたと思われます。

「そんな人はほんの一握りで、自分には関係ない」と思った人もいると思いますが、ひとつ確実にいえるのは、次のことです。

「もしあなたが劣等感や無力感に悩まされているとしたら、何もしなければ、それらが消えることはない！」

まったく当たり前のことですが、多くの人がこのことを忘れてしまっています。

『自助論』は、才能に恵まれたほんの一握りの人のためにあるのではありません。**劣等感や無力感に悩む多くの「普通の人々」のために、夢と希望を叶え、そして苦しみから抜け出す具体的な方法を与えてくれる本**なのです。

まんがで人生《じんせい》が変《か》わる！　自《じ》助《じょ》論《ろん》

著　者――サミュエル・スマイルズ

訳　者――竹内　均（たけうち・ひとし）

まんが――嶋津　蓮（しまづ・れん）

脚　本――菅乃　廣（かんの・ひろし）

構成・図版・DTP――ユニバーサル・パブリシング

発行者――押鐘太陽

発行所――株式会社三笠書房

〒102-0072 東京都千代田区飯田橋3-3-1
電話：(03)5226-5734（営業部）
　　：(03)5226-5731（編集部）
http://www.mikasashobo.co.jp

印　刷――誠宏印刷

製　本――若林製本工場

編集責任者　清水篤史

ISBN978-4-8379-2630-6 C0030

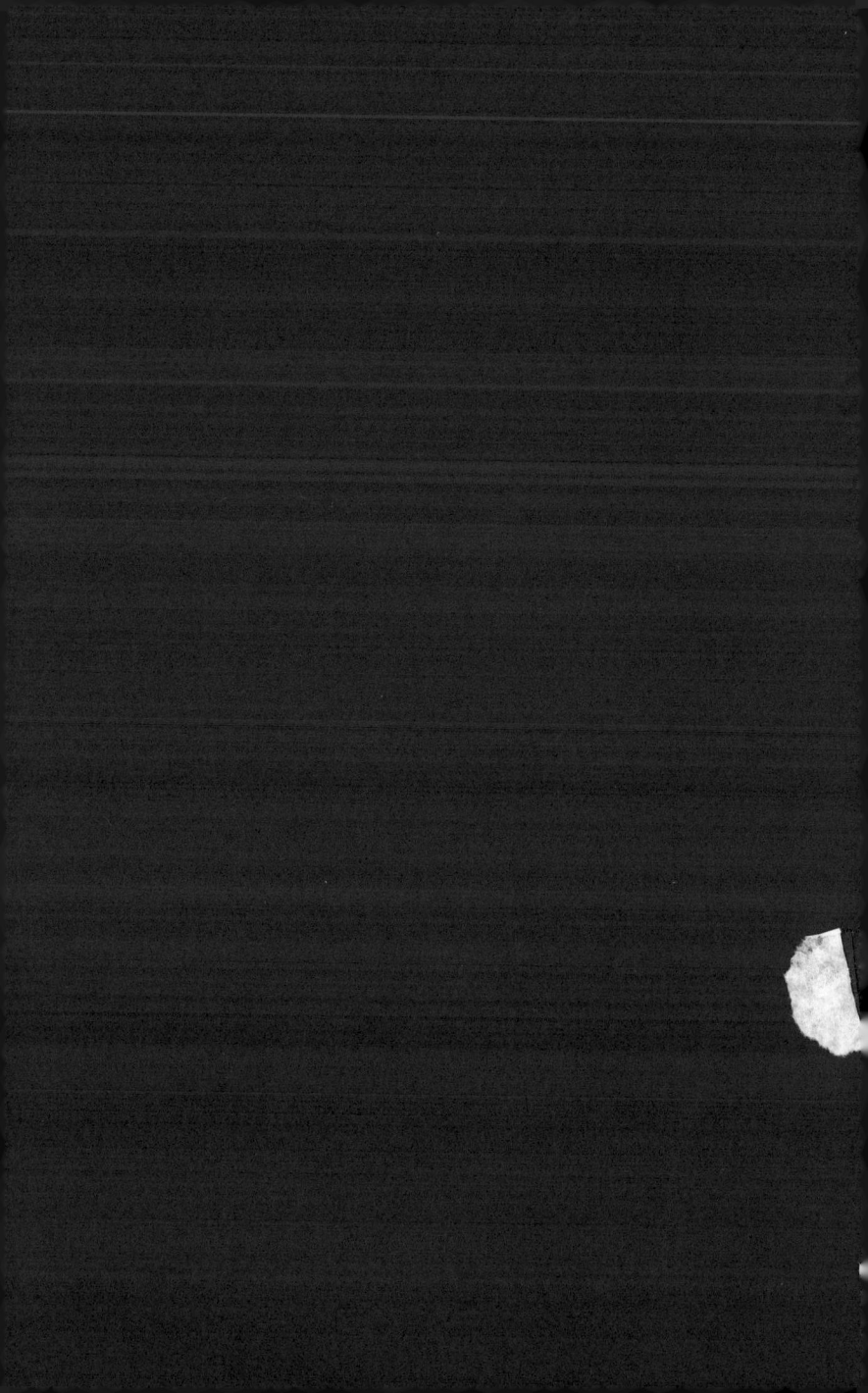